DAVID PORTER
MUTTER TERESA

David Porter

Mutter Teresa

Von Skopje nach Kalkutta

Die Geschichte einer Berufung

VERLAG NEUE STADT
MÜNCHEN ZÜRICH WIEN

Titel der Originalausgabe:
Mother Teresa. The Early Years

(veröffentlicht von SPCK, London)
Übersetzung aus dem Englischen: Bettina Schlemmer

CIP-Kurztitelaufnahme der Deutschen Bibliothek:

Porter, David

Mutter Teresa: von Skopje nach Kalkutta; d. Geschichte
e. Berufung / David Porter.
[Übers. aus dem Engl.: Bettina Schlemmer].
- 1. Aufl. - München; Zürich; Wien:
Verl. Neue Stadt, 1988
Einheitssacht.: Mother Teresa ‹dt.›
ISBN 3-87996-213-8

1988, 1. Auflage

Umschlaggestaltung: Josef Schaaf
Bildnachweis: Archiv SPCK, London (s/w-Umschlagfoto aus dem Jahr 1928; S. 33; S. 34; S. 35; S. 36; S. 37); Photo Gamma Paris (S. 38); Archiv Neue Stadt (Umschlagfoto in Farbe; S. 39); K.H. Melters / Missio Aachen (S. 40)
Satz: ISM-Lasersatz, München
Druck und Bindung: Schoder Offsetdruck, Gersthofen
ISBN 3-87996-213-8

Vorwort

David Porters Veröffentlichung über Mutter Teresa (Agnes Bojaxhiu) befaßt sich mit ihrer Kindheit und Jugend in Albanien – einem Abschnitt ihres Lebens, der bisher wenig bekannt ist. Mutter Teresa liegt es nicht, über sich selber zu schreiben oder zu sprechen. Sie ist der Überzeugung, daß alles, was sie erreicht, ausschließlich ein Geschenk Gottes ist, für das sie dankbar sein muß; aber sie mag darüber nicht viele Worte verlieren. David Porter hatte Zugang zu albanischen Werken über Mutter Teresa, im besonderen die Erinnerungen ihres Bruders Lazar an die gemeinsame Kindheit.

Mutter Teresa ist in der ganzen Welt bekannt, weil sie konkret ihr Leben einsetzt für Obdachlose, verlassene Kinder, Leprakranke, Sterbende, kurz: für alle, die in Not sind, für „die Ärmsten der Armen", wie sie immer sagt. David Porter untersucht die Wurzeln ihres Engagements und findet sie in einem Elternhaus, in dem sie Liebe und Geborgenheit erfuhr, in ihrer christlichen Erziehung und in der Bereitschaft Mutter Teresas, ihr Kreuz auf sich zu nehmen und Jesus nachzufolgen. Als Kind war Agnes offenbar eine gute und fromme Schülerin.

Sie war sich damals wohl bereits bewußt, daß sie eine besondere Sendung hatte, und bereitete sich gewissenhaft darauf vor. Agnes verließ ihr Elternhaus und trat in Irland in den Loreto-Orden ein; sie kam nach Kalkutta und wurde Lehrerin an einer Loreto-Schule. Später brachte sie den Mut auf, alleine in die Slums von Kalkutta zu gehen, um dort mit den Armen zu leben und für sie zu sorgen. Schließlich gründete sie ihren Orden, die *Missionarinnen der Nächstenliebe*.

Das Bild der jungen Agnes, das wir in diesem Buch finden, zeigt uns ein Mädchen wie viele andere, voll Lebensfreude und mit vielen Talenten. Daher verwundert es um so mehr, daß sie sich entschließt, sich ausschließlich den Armen zu widmen. Mutter Teresas Ansprachen zeichnen sich eigentlich durch nichts Besonderes aus, aber sie hinterlassen bei den Menschen, die ihr zuhören, immer einen tiefen Eindruck. Ich werde nie eine Ansprache vergessen, die sie anläßlich der Verleihung der Ehrendoktorwürde in Cambridge hielt. Als sie von Liebe und Barmherzigkeit sprach, war es, als kämen ihre Worte direkt vom Himmel; und ich glaube, daher kamen sie auch!

Gott schickt uns immer wieder Menschen, die ihn beim Wort nehmen und uns helfen, unsere gemeinsame Berufung auf Erden zu erfüllen, wie sie auch immer aussehen mag. Es gibt wohl keinen Zweifel, daß Mutter Teresa eine solche Aufgabe hat, obwohl sie selber sich dessen nicht bewußt ist.

In unserer Zeit des wissenschaftlichen und technischen Fortschritts haben die meisten Orden Nachwuchssorgen – Mutter Teresa dagegen kennt dieses Problem nicht: Viele Postulantinnen melden sich bei ihr. Weil sie nichts fordert, erhält sie alles. Wie Franz von Assisi, den sie sehr verehrt und dessen Worte sie oft zitiert, bringt sie es fertig, nichts zu besitzen und um nichts zu bitten, und doch alles zu haben, was sie braucht, um sich voll Liebe um die Ärmsten der Armen kümmern zu können.

Malcolm Muggeridge

Der Vater

Die junge Schwester in der Missionsstation lächelte dem Paar zu, das erwartungsvoll vor ihr stand. Der alte Mann erwiderte es mit einem lächelnden Blick. Seine Nase war nach mehreren Brüchen schief zusammengewachsen. Er hatte einen eindrucksvollen Schnurrbart und einen langen Vollbart. Wenn er sprach, leuchteten seine Augen verschmitzt. „Für mich selbst brauche ich gar nichts", erklärte er und zeigte auf die Frau, die etwas verloren neben ihm stand. Ein Ausdruck stummen Leids lag auf ihrem Gesicht. Sie war – wie er – klein von Gestalt. „Ihre Ohren tun weh", erklärte er und schob sie vor. Gehorsam neigte sie den Kopf, als die Schwester ihre Ohren untersuchte. Hinter ihr rückte die Schlange der wartenden Patienten weiter auf.

Zunächst stellte die Schwester fest, daß die Ohren der Frau mit Schmalz und Schmutz verstopft waren. Sie schaute den Mann an: „Ich muß sie sauber machen!" Er nickte ihr zwinkernd zu und nahm die Frau beim Arm. Ein Schrecken lag auf ihrem Gesicht. Die Schwester deutete auf den „Operationstisch" – eine alte Packkiste, die sauber geschrubbt war und nun als niedrige Bank diente.

Als die Frau die Kiste und die Spritze sah, die bereitgelegt wurde, wich sie erschreckt zurück. Ihr Begleiter konnte sie nur mit eindringlichem Zureden dazu bewegen, wieder zu der Bank zurückzukehren. Dort stand sie nun mit finsterer Miene und versuchte heraufzusteigen. Die Schwester trat hinzu und sprach beruhigend auf die Frau ein. „Du brauchst dich nicht darauf zu stellen. Setz dich einfach hin. Versuch nicht heraufzuklettern.“ Die Frau schüttelte verzweifelt den Kopf und versuchte es weiter. Der alte Mann zuckte mit den Schultern, setzte sich schwerfällig auf die Bank, verschränkte die Arme und starrte die Frau an. „Mach es so!“ Die Frau folgte dem Beispiel des Mannes, und der strahlte die junge Schwester an. „Sie hat zeit ihres Lebens immer nur auf dem Boden gesessen“, erklärte er.

Nachdem die Schwester der Frau die Ohren gereinigt hatte, kamen die anderen Patienten an die Reihe. Mütter schoben ihre Kinder vor und warteten ängstlich die Untersuchung ab. Die Rücken vieler Kinder waren bedeckt mit Geschwüren. Die mußten punktiert, Entzündungen ausgeschabt und Wunden verbunden werden. Die gleichen schmerzhaften Prozeduren wiederholten sich unzählige Male.

Eine Frau in der Schlange rief: „Mutter, mein Mann wollte nicht, daß ich herkomme. Er meinte, der Barbier könne mein Kind operieren.“ Die Frau grinste triumphierend. „Ich habe ihm aber gesagt:

‚Ich bringe das Kind zur Mutter!' und bin weggerannt!" – Mutter Teresa von Kalkutta lächelte kurz und fuhr mit ihrer Arbeit fort.

Heute ist Mutter Teresas Werk in der ganzen Welt bekannt und anerkannt. Ihre *Missionarinnen der Nächstenliebe* (so heißen die Schwestern) arbeiten in vielen Ländern für die Armen und Ausgestoßenen. Rundfunk und Fernsehen berichten über ihre Tätigkeit, unzählige Bücher und Zeitungsartikel wurden über sie geschrieben. Trotzdem lebt sie heute genau wie früher ihre Berufung, Christus zu dienen in den Ärmsten der Armen.

Mutter Teresa möchte aus zwei Gründen, daß ihr Werk bekannt wird: um auf die Not der Armen aufmerksam zu machen, und weil sie den Menschen ein Gespür dafür geben will, daß es der Herr ist, der in den Schwachen und Unterdrückten leidet.

Die Frau, die in der ganzen Welt als „Mutter Teresa" bekannt ist, wurde als Ganxhe Agnes Bojaxhiu 1910 in Skopje (Serbien) geboren. Ihre Eltern waren Albanier, und sie kam als jüngstes von drei Kindern zur Welt. Die kleine Agnes wurde in eine Welt hineingeboren, die an der Schwelle des Krieges stand, und ihre Kindheit war überschattet von Kriegen. 1910 begannen die Aufstände der Albanier gegen die Türkisierungspolitik. Zwei Jahre später brach der erste Balkankrieg aus. 1914 wurde

Europa in die Wirren des Ersten Weltkrieges gestürzt, auch wegen der Unruhe in den Balkanstaaten. Zwischen Serbien und dem benachbarten Albanien gab es immer wieder Auseinandersetzungen. Als Albanien 1912 unabhängig wurde, kam es unter den Serben zu Unruhen, weil sie ihre Hoffnungen auf einen eigenen Zugang zum Meer aufgeben mußten.

Das Leben der Familie Bojaxhiu, deren Wurzeln in beiden Ländern liegen, spiegelte die unruhigen Zeiten wider. Agnes' Vater, Kolë Bojaxhiu, war ein erfolgreicher Kaufmann mit politischen Ambitionen, der mit den albanischen Nationalisten sympathisierte und sie auch finanziell unterstützte. Er lud seine nationalistisch gesinnten Freunde häufig in sein Haus ein. Es machte ihm Spaß, bis spät in die Nacht mit ihnen zusammenzusitzen und Träume von einer glänzenden Zukunft Albaniens auszutauschen. Er diskutierte ausdauernd und mit großer Begeisterung über politische Themen, je nach den Gesprächspartnern auch in einer der vier Fremdsprachen, die er bei seinen Geschäftsreisen gelernt hatte. In dem Haus in Skopje erklangen oft kämpferische und rebellische Lieder. Zahlreiche Fotos und andere Dokumente erinnerten ständig an „die Sache“.

Im November 1912 erlangte Albanien seine Unabhängigkeit. Kolë gab ein Fest in seinem Haus, um dieses langersehnte Ereignis zu feiern. Es war eine erlauchte Versammlung, die da zusammengekommen war. Curri war da, der berühmte Streiter gegen die Türken, die Albanien jahrhundertelang kontrolliert hatten, und Männer wie Hasan Prishtina und Sabri Qytezi, die von den albanischen Nationalisten sehr verehrt wurden. Die ganze Nacht lang diskutierten sie und sangen Siegeslieder zur Mandoline, die in Albanien traditionell den Gesang begleitete. Agnes' Bruder Lazar, damals vier Jahre alt, schaute zu, wie aufgetürmte Schachteln feierlich in Brand gesetzt wurden. Die Erinnerung an diese „Flammen des Sieges" begleitete ihn bis zu seinem Tod.

Kolë Bojaxhiu entstammte einer alten albanischen Kaufmannsfamilie, deren Geschäftsbeziehungen bis nach Ägypten reichten. (Der Name ist abgeleitet von *boja*, was „Farbe" heißt und darauf hindeuten könnte, daß die Bojaxhius früher mit Farbstoffen gehandelt haben.) Die Bojaxhius kamen ursprünglich aus Prizren, einer Stadt im Süden des heutigen Jugoslawien. Prizren war eine für Kaufleute günstige Stadt. Im Mittelalter war es ein wichtiges Handelszentrum gewesen, im 14. Jahrhundert wurde es die Hauptstadt des Königreichs Serbien. Heute werden dort Filigranarbeiten, Teppiche und feine Stickereien hergestellt.

Mitte des 19. Jahrhunderts brach in Prizren die Cholera aus und dezimierte die Bevölkerung. Das mag der Grund gewesen sein, warum die Familie Bojaxhiu auswanderte. Andere meinen, die Ursache sei eine türkische Verfolgung gewesen, die besonders die Bewohner der Altstadt traf. Wieder andere sind der Ansicht, die Suche nach neuen Märkten habe die Familie weiterziehen lassen. Was auch immer der Grund gewesen sein mag, viele der Bojaxhius zogen fort, einige von ihnen nach Skadar an der albanischen Grenze, wo Lazar 1930 eine Bojaxhiu-Straße entdeckte und eine alte Frau traf, die sich noch gut an die Familie erinnerte. Andere Mitglieder der Familie siedelten sich in der alten Stadt Skopje am Vardar an.

Wie Prizren war auch Skopje für eine Kaufmannsfamilie eine attraktive Stadt. Ihre Geschichte reicht bis in römische und byzantinische Zeit zurück. Im 13. Jahrhundert wurde die Stadt von den Serben erobert, ein Jahrhundert später fiel sie in die Hände der Türken. Skopje blieb unter türkischem Einfluß, bis es in den Balkankriegen von den Serben zurückerobert wurde. Das war zu der Zeit, als Agnes ein Kind war.

Unter den Bojaxhius, die nach Skopje kamen, war auch Kolë. Gleich nach seiner Ankunft kaufte er ein Haus in der Stadt. Er war ein geschäftstüchtiger Mann mit großem Unternehmungsgeist und arbeitete anfangs mit einem Arzt, der Suskalović hieß, zusammen und handelte mit Medikamenten. Suskalović war einer der bekanntesten Ärzte in Skopje, und Kolë erlangte in der Stadt bald einen Ruf als guter Apotheker. Aber die Pharmazie war nie seine Leidenschaft gewesen, und es dauerte nicht lange, bis er die Gelegenheit ergriff, in das Baugeschäft eines Freundes einzusteigen. Die beiden Partner arbeiteten hervorragend zusammen, und die Firma lief sehr gut. Kolë war bald Besitzer mehrerer Häuser. In einem davon wuchsen Agnes, ihre Schwester Aga und ihr Bruder Lazar auf.

Es war ein wohlhabendes Elternhaus, in dem sie eine wohlbehütete Kindheit verbrachten. Agnes' Großmutter väterlicherseits, eine sowohl handwerklich als auch organisatorisch sehr begabte Frau, führte einen Strickerei-Betrieb und beschäftigte eine große Zahl von Arbeitern. Sie baute zusammen mit ihrem Mann ein stattliches Vermögen auf, das dann auf Kolë überging.

Die kleine Agnes hat ihren Vater nicht häufig zu Hause erlebt. Seine geschäftlichen Interessen dehnten sich immer weiter aus. Bald tat er sich mit einem reichen italienischen Kaufmann, Signor Morten, zusammen, der mit verschiedenen Gütern handelte: Lebensmittel, Öl, Zucker, Bekleidung, Lederwaren etc. Kolë Bojaxhiu reiste nun in ganz Europa herum, kaufte und verkaufte Waren dieser Art. Die drei Kinder der Bojaxhius wußten die seltenen Augenblicke zu schätzen, wenn ein mit Paketen vollgeladener Wagen vor ihrem Haus vorfuhr und Kolë Bojaxhiu von einer seiner Reisen zurückkehrte. Im Alter erinnerte sich Lazar Bojaxhiu immer noch gern an diese Zeiten. Die Geschenke aus fremden Ländern weckten große Neugier, aber worauf die Kinder sich am meisten freuten, waren die Berichte des Vaters von seinen Reisen. Kolë konnte wunderbar erzählen und unterhielt seine Familie stundenlang mit spannenden Geschichten von dem, was er unterwegs erlebt hatte.

Bei Kolë Bojaxhiu scheint Frohsinn mit Strenge verbunden gewesen zu sein. Wenn die Kinder im Bett lagen, konnten sie oft das Lachen und die Lieder des Vaters und seiner Freunde hören. Aber er hielt – nach Lazars Berichten – auch auf strenge Disziplin und stellte hohe Anforderungen an seine Kinder. Er war sehr daran interessiert, daß auch die beiden Töchter eine gute Ausbildung erhielten, was für die damalige Zeit sehr fortschrittlich war. Wenn er abends nach Hause kam, ging er oft nach oben in Lazars Schlafzimmer, weckte seinen Sohn und fragte ihn, ob er an dem Tag auch brav gewesen sei und was er in der Schule gerade lernte. Agnes und Lazar liebten ihren Vater, aber sie scheinen doch eine gewisse Scheu vor ihm gehabt zu haben, während Aga seine besondere Zuneigung genoß.

Die Familie Bojaxhiu unterschied sich im übrigen kaum von anderen wohlhabenden Familien Skopjes zu dieser Zeit. Priester und kirchliche Würdenträger waren häufige Besucher im Hause Bojaxhiu, und Kolë spendete großzügig für die karitativen Aufgaben der Pfarrei. Er war ein großzügiger Mann, der an viele Menschen Essen und Geld verteilte, ohne Aufmerksamkeit zu erregen. Oft gab er seinem Sohn Päckchen mit Geld, Kleidern und Lebensmitteln, damit er sie den Armen bringe. Seine Tür stand immer allen offen, die eine Mahlzeit, Unterkunft oder Hilfe brauchten. Kolë mochte besonders eine alte Frau, die häufig zu den Bojaxhius zum Essen kam. „Nehmt sie liebevoll auf“, schärfte er seinen Kindern ein. Er lehrte sie, daß man großzügig und barmherzig sein und in der Schule hart arbeiten müsse. Als Agnes klein war, ermahnte er sie oft: „Nimm niemals einen Bissen zu essen an, wenn du nicht bereit bist, ihn mit anderen zu teilen.“

Kolë Bojaxhius ausgeprägter Sinn für die Verantwortung, die der Reichtum mit sich bringt, wurde bestärkt durch seine Frau Drana. Sie stammte ebenfalls aus Prizren. Ihre Mutter war Kauffrau und Grundbesitzerin gewesen, und ihre Familie besaß große Ländereien in Serbien. Drana war eine unbeugsame Frau von starkem Charakter. Sie war großzügig und arbeitete hart. Diese Eigenschaften waren sehr wichtig für die Familie, denn als Agnes acht Jahre alt war, starb der Vater.

Er war mit seinen Kollegen vom Stadtrat nach Belgrad gefahren zu Gesprächen mit Regierungsstellen und wurde dort plötzlich schwer krank. Der italienische Konsul brachte ihn in seinem Wagen nach Hause. Als er am frühen Abend ankam, wurde er sofort ins Krankenhaus eingeliefert, wo er am nächsten Morgen operiert wurde; jedoch ohne Erfolg. Am nächsten Tag starb er. Nicht nur die Familie trauerte um ihn. Auch die Stadt beklagte den Verlust einer ihrer bekanntesten und geachtetsten Persönlichkeiten. Kolë hatte sich auch um das öffentliche und kulturelle Leben in Skopje verdient gemacht. (Zusammen mit Morten war er zum Beispiel für den Bau des ersten Theaters verantwortlich gewesen.) Viele Menschen nahmen an seiner Beerdigung teil. Offizielle Abgesandte vom Stadtrat waren anwesend, in dem er der einzige Katholik gewesen war. Am Tag seiner Beerdigung blieben viele Geschäfte in Skopje geschlossen. Die Schüler aller Schulen in der Stadt erhielten entsprechend einem alten Brauch Erinnerungs-Tücher. Die Anzahl der verteilten Tücher war ein Indiz für den Reichtum des Verstorbenen und den sozialen Status seiner Familie.

Die Mutter

Als Kolë starb, waren seine Kinder noch sehr jung. Aga, die ihr Vater oft „meine rechte Hand" genannt hatte, war 15 Jahre alt, Lazar war elf und Agnes acht. Auf sie alle, besonders aber auf Drana Bojaxhiu, kam eine schwere Zeit zu. Die ganze Last des Haushalts, die Sorge um den Unterhalt der Familie und die Kindererziehung lagen nun allein auf ihren Schultern. Doch sie wollte dafür sorgen, daß die Kinder auch weiterhin eine möglichst sorgenfreie Kindheit verleben konnten. Der Tod des Vaters bedeutete eine große Umstellung im Leben der Familie. Drana war entschlossen, es den Kindern an nichts fehlen zu lassen, und das bedeutete, daß sie Arbeit finden mußte. Eine Zeitlang lebten sie noch von den Einnahmen aus den Geschäften ihres Mannes, aber irgendwann beendete Morten seine Geschäftsbeziehung mit der Familie. Daraufhin fing Drana an, Brautkleider, Abendkleider und dergleichen zu nähen und zu sticken.

Sie war eine Frau mit ausgeprägtem Charakter. Obwohl ihre Familie große Ländereien in Novo Selo besaß, bekam sie keine Unterstützung. Der dortige Pfarrer fragte Lazar mehrmals: „Warum interessiert sich deine Mutter nicht für das Familienvermögen?“ Als Lazar seine Mutter darauf ansprach, erklärte sie ihm, daß es einen Streit gegeben habe innerhalb der Familie, wem die Ländereien nun eigentlich gehörten, und daß sie keine Dokumente besäße, mit denen sie ihren Anspruch hätte beweisen können. Es ist bezeichnend für Drana, daß sie diese Situation gleichmütig hinnahm und mit der Stickerei das Geld für ihre Familie verdiente. Für Agnes muß das ein eindrucksvolles Beispiel dafür gewesen sein, wie ein Christ mit Enttäuschungen fertigwerden kann und welche Bedeutung er irdischem Besitz beimessen soll. Drana war die Frau eines wohlhabenden, angesehenen Bürgers gewesen. Ihr Haus war bekannt für seine Feste und seine Gastfreundschaft. Obwohl sie nun ärmer war, blieb die Familie immer noch bekannt für ihre Freundlichkeit, Güte, Großzügigkeit und Solidarität mit den Armen.

Ihr Glaube war tief verwurzelt in ihrem Leben. Sie erzog ihre Kinder dazu, diszipliniert zu leben, machte ihnen aber wenig Vorschriften. Sie hielt es für wichtiger, ihnen ein gutes Beispiel zu geben, und erwartete auch von ihnen, daß sie es für andere seien. „Sie sagte uns immer“, erinnert sich Lazar, „daß wir sie um alles bitten könnten, was wir wollten. Und sie erwarte von uns dafür, daß wir Kinder ein gutes Beispiel gäben für andere.“

Sie lehrte ihre Kinder auch eine Frömmigkeit, die das konkrete Leben durchdringt. Jeden Abend betete die Familie zusammen, ihr Leben orientierte sich an der Kirche, nicht nur im Blick auf die täglichen Gebete, sondern auch im Bezug auf die besonderen Zeiten und Feste des Kirchenjahres. Wie viele katholische Familien in Skopje verehrten sie besonders die Muttergottes von Letnice, deren Heiligtum in der Gebirgsregion des Montenegro liegt. Letnice war ein beim Volk sehr beliebter Wallfahrtsort. Jedes Jahr fand eine Pilgerfahrt über die Berge zum Heiligtum statt. Die Menschen reisten gemeinsam in Gruppen, beteten und sangen unterwegs. Die Bojaxhius fuhren meist in einer Pferdekutsche. Aga und Agnes waren oft schon einige Wochen vor der Pilgerfahrt in Letnice, um dort Ferien zu machen, was Agnes' Gesundheit sehr gut tat. Sie war ein zartes Kind und anfällig für Krankheiten. Ihretwegen verbrachte ihre Familie die Ferien oft in Vrnjačka Banja, einem in Jugoslawien für seine Thermalquellen berühmten Kurort. Aber besonders in Letnice, weit weg von der Stadt und in einer Umgebung, die ihr auch geistige Erholung bot, kam sie immer wieder zu neuen Kräften.

Wenn die beiden Mädchen nach Letnice vorausfuhren, erhielt Aga genaue Anweisungen von ihrer Mutter: Sie sollte mit Agnes lange Spaziergänge machen, darauf achten, daß sie sich genug ausruhte, und ihr nicht erlauben, zu viel zu lesen. Wäre es nach ihr gegangen, hätte Agnes mit Freude den ganzen Tag lang Bücher gelesen. In Letnice wohnten die Bojaxhius oft in einem Haus, das ihnen von jemand zur Verfügung gestellt wurde, dem Kolë Bojaxhiu beim Bau geholfen hatte. Die Zeiten in Letnice gehörten zu den glücklichsten in Agnes' Kindheit. Dort verbrachte die Familie oft den ganzen Tag zusammen; sie spielten oder gingen bei den Quellen von Letnice spazieren. Abends saß man um die Feuerstelle, lachte und erzählte Geschichten bis in die frühen Morgenstunden. Agnes freute sich jedes Jahr auf die Pilgerfahrt. Der christliche Glaube war ihr sehr wichtig, sie liebte die Kirche und ihre Feste genauso wie das Zusammensein mit ihrer Familie. Hunderte von Menschen kamen jedes Jahr nach Letnice, um von ihrem Glauben Zeugnis abzulegen, nicht nur Katholiken, sondern auch Christen anderer Kirchen.

Agnes ging auch in Skopje gerne in die Kirche und war oft als erste in ihrer Bank, bevor sonst jemand kam. Sie betete gerne alleine, und oft sah man sie vor der Statue des Heiligsten Herzens Jesu knien. (Bei dem Erdbeben in Skopje 1963 wurde die Herz-Jesu-Kirche zerstört, aber die Statue wurde gerettet und ist bis heute noch dort zu sehen.) Das Gebetsleben hatte einen wichtigen Platz im Leben der Familie Bojaxhiu, ebenso wie die praktische Nächstenliebe. Die Kinder lernten von klein auf, offen zu sein für die Not der Armen. Mutter Teresa erinnert sich:

Viele der Armen in und um Skopje kannten unser Haus, und keiner verließ es mit leeren Händen. Wir hatten jeden Tag Gäste zum Essen. Anfangs fragte ich immer: „Wer sind die?“, und meine Mutter antwortete: „Manche sind Verwandte, aber alle gehören zu uns.“ Als ich älter war, wurde mir klar, daß die Fremden arme Menschen waren, die nichts hatten und denen meine Mutter zu essen gab.

Drana Bojaxhiu war sicher, daß sie alles, was sie für die Armen tat, für Gott tat. Das gab sie auch ihren Kindern weiter. „Wenn ihr Gutes tut“, sagte sie ihnen, „tut es unauffällig.“ In Kalkutta und in vielen anderen Ländern trägt das Fundament, das Drana gelegt hat, immer noch die Arbeit der *Missionarinnen der Nächstenliebe*. Mutter Teresa lehrt all ihre Schwestern, daß sie keinen Lohn und keine Anerkennung für ihre Arbeit erwarten dürfen und daß sie dem leidenden Christus dienen, wenn sie einen Bettler waschen und seine Wunden verbinden.

Drana brachte ihren Töchtern auch ganz praktisch bei, wie man anderen helfen kann. Es gab viele, die ihre Hilfe brauchten. Einmal in der Woche besuchte Drana – oft zusammen mit Agnes – eine alte Frau, die von ihrem Sohn verlassen worden war. Sie brachten ihr Essen und putzten das Haus.

Auch File, eine Alkoholikerin, wurde von den Bojaxhius regelmäßig besucht. Zweimal täglich reinigte Drana die offenen Wunden dieser Frau und sorgte für sie. Agnes half ihr oft dabei.

Auf die Besuche von Drana freute sich auch eine

kranke Witwe, die schwer zu kämpfen hatte, um ihre sechs Kinder aufziehen zu können. Wenn Drana sie nicht besuchen konnte, schickte sie Agnes, und als die Witwe starb, nahmen die Bojaxhius die Kinder in ihr Haus und in ihre Familie auf.

Für ein junges Mädchen, das dazu bestimmt war, eines Tages den „Ärmsten der Armen“ zu dienen, war das eine sehr gute Schule der Nächstenliebe. Drana bewegte sich wie selbstverständlich unter den oft schmutzigen und abstoßend wirkenden Armen und Kranken, wusch sie und verband ihre Wunden. Sie sah in jedem ein einzigartiges Kind Gottes. Viele Menschen, denen sie half, litten auch moralisch Not, und allen widmete sie sich mit großer Aufmerksamkeit. So erhielt Agnes in ihrem Elternhaus gewissermaßen ihre erste Ausbildung für ihre spätere Aufgabe. Ihr Bruder meinte, sie habe die gleichen charakterlichen Eigenschaften und den gleichen Glaubenseifer wie ihre Mutter. Als sie erwachsen war und Missionsschwester werden wollte, war es ein großer Schmerz für sie, ihr geliebtes Elternhaus verlassen zu müssen. „Wir waren eine Familie voller Freude und Liebe; wir Kinder waren glücklich und zufrieden.“

Die Pfarrei

Es ist ein merkwürdiger Widerspruch im christlichen Leben, daß immer wieder einzelne Menschen berühmt und geehrt werden wegen ihres Glaubens und ihrer Werke. Im Neuen Testament werden die Gläubigen aufgefordert, keine Aufmerksamkeit auf ihre guten Taten zu lenken. Jesus kritisierte sehr scharf die Schriftgelehrten und Pharisäer, die ihre guten Werke möglichst „öffentlich" taten, und hielt seine Jünger dazu an, Barmherzigkeit nicht vor den Augen der Öffentlichkeit zu üben (vgl. Mt 6,1-4).

Mutter Teresa weist jeden persönlichen Ruhm oder Lohn für ihre Arbeit zurück. Sie hat wiederholt gesagt, daß die Früchte ihres Wirkens nicht ihr persönliches Verdienst sind, sondern das Werk Gottes, dessen Werkzeug sie ist. Als sie 1979 mit dem Friedensnobelpreis ausgezeichnet wurde, war ihre Reaktion typisch für ihre Einstellung: „Persönlich habe ich diesen Preis nicht verdient, aber im Namen der Armen nehme ich ihn dankbar an." Mutter Teresa hat uns nicht nur Wichtiges zu sagen über die christliche Haltung gegenüber Not und Armut, sondern sie hat uns auch ein Beispiel gegeben, wie man mit Erfolg und Anerkennung umgehen sollte.

Das Werk der *Missionarinnen der Nächstenliebe* ist inzwischen weltweit bekannt geworden. Mutter Teresa hat einen festen Platz in der Geschichte des Christentums im 20. Jahrhundert. Dieser Ruhm trägt auch dazu bei, das Reich Gottes über die ganze Welt auszubreiten. Wo immer Menschen von Mutter Teresa hören, werden sie über ihre eigene Verantwortung für die Armen in ihrer unmittelbaren Umgebung nachdenken.

Wenn man sich das Leben bekannter Persönlichkeiten genauer anschaut, stellt man fest, daß einzelne, die kaum jemand kennt, oft eine entscheidende Rolle in der geistlichen Entwicklung dieser Person gespielt haben. Große Diener Gottes treten nicht „fertig" auf die Bühne der Weltgeschichte. Gott selbst bereitet ihren Weg vor, indem er ihnen Lehrer gibt, Seelsorger, Freunde und andere Menschen, die sie unterstützen. Die Lebensgeschichten vieler großer Heiliger zeugen davon. Und auch im Leben von Mutter Teresa läßt sich das feststellen.

Von allem, was die junge Agnes Bojaxhiu geprägt hat, war der Einfluß ihrer Familie sicher der stärkste. Am Beispiel ihres Vaters und ihrer Mutter erlebte sie Güte und Solidarität mit den Notleidenden sozusagen aus erster Hand. Sie ersparten ihr bewußt nicht den Anblick menschlicher Not und Armut. Sie luden die Armen in ihr Haus ein und hießen sie bei sich willkommen.

Neben ihrer Familie hat die Pfarrei auf Agnes einen großen Einfluß ausgeübt. „Auch wenn ich in eine staatliche Schule ging“, hat sie einmal gesagt, „haben mir meine Familie und später die Geistlichen der Pfarrei eine solide religiöse Erziehung gegeben.“ Ihre Familie war schon seit Generationen katholisch. Auf dem Balkan waren die katholischen Gläubigen in der Minderheit. In Albanien, wo die Familie ursprünglich herkommt, haben die Katholiken auch in den Jahren vor den Kriegen niemals mehr als zehn Prozent der Bevölkerung ausgemacht; die Mehrheit waren Muslime. Auch in Serbien waren die Katholiken in der Minderzahl. Jahrhundertelang hatte die Mehrheit der Serben zur orthodoxen Kirche gehört; das benachbarte Kroatien war dagegen überwiegend katholisch gewesen.

Die katholische Gemeinde in Skopje war eine Diasporagemeinde und hatte wenig Kontakte zu anderen Gemeinden der römischen Kirche. Heute leben über eine halbe Million Menschen in der modernen Stadt, die nach dem Erdbeben von 1963 neu aufgebaut worden ist; nur wenige davon sind Katholiken.

Zu Beginn des 20. Jahrhunderts gab es nur vereinzelte und weit voneinander entfernte katholische Kirchen in der Erzdiözese. Darunter litt das geistliche Leben. 1909 kam ein neuer Erzbischof nach Skopje: Lazar Mjeda. Er erkannte sehr schnell, daß die Kirche dort nur mit Hilfe von außen Fortschritte machen konnte. Daher wandte er sich an die Jesuiten-Missionare in Venedig, die 1910 in Skopje ein Haus eröffneten.

Die katholische Kirche von Skopje lag in der Nähe des Hauses der Bojaxhius, und Bischof Mjeda kam oft zu Besuch. Agnes lernte so den berühmten Prediger und seine dynamische Persönlichkeit kennen. Ihr Vater war ein persönlicher Freund des Erzbischofs, was ihn der Kirche gegenüber noch großzügiger machte. Aber Bischof Mjeda blieb nicht lange in Skopje. Unter dem Eindruck eines drohenden Krieges auf dem Balkan kämpften er und seine jesuitischen Mitbrüder mit den Problemen der kleinen und verstreuten Gemeinde. Als sich die politische Situation verschlechterte, wurde auch die Arbeit in der Erzdiözese immer schwieriger. 1912 brach schließlich der Balkankrieg aus, und die Jesuiten mußten ihre Arbeit auf die Stadt beschränken. 1914 begann der Erste Weltkrieg; die kirchliche Situation wurde noch zusätzlich erschwert, als Mjeda von seinen Oberen als Erzbischof nach Skadar geschickt wurde.

Sein Nachfolger in Skopje wurde Toma Glasnović. Dieser hatte bereits in der Erzdiözese gearbeitet und war auch ein regelmäßiger Besucher in Agnes' Elternhaus. Bischof Glasnović analysierte sorgfältig die Situation der Stadtpfarrei von Skopje und leitete ein Reformprogramm ein. Wie Mjeda vertraute auch er auf Hilfe von außen. Er schrieb an eine große Zahl kirchlicher Autoritäten in Serbien, aber ohne Erfolg. Schließlich wandte er sich an den Provinzial in Zagreb und erhielt die Zusage, daß die Jesuiten die Herz-Jesu-Pfarrei in Skopje übernehmen könnten.

So kam es, daß 1921, als Agnes Bojaxhiu elf Jahre alt war, Pater Gašpar Zadrima Pfarrer an der Herz-Jesu-Kirche wurde. Die Bojaxhiu-Kinder, die seine beiden Vorgänger als Freunde der Familie gut gekannt hatten, sahen seiner Ankunft mit gemischten Gefühlen entgegen. Er war ein harter Arbeiter, ein Albanier, der fließend Serbo-Kroatisch sprach. Das verband ihn mit den meisten seiner verstreut lebenden Pfarrkinder. Er kannte viele ihrer Probleme und lebte sich schnell in der Gemeinde ein. Aber er war auch sehr streng, verlangte Disziplin und gutes Benehmen. Während der Gottesdienste hatte er immer einen dicken Stock bei sich, den die jungen Pfarrkinder mit einigem Respekt betrachteten, obwohl nicht berichtet wird, daß er ihn jemals zu etwas Gewaltsameren als Takt-Klopfen eingesetzt hätte. Agnes beobachtete still den neuen Priester. Eines Tages sagte sie herausfordernd zu ihrem Bruder: „Ich habe das Gefühl, daß du Pater Zadrima nicht wohlgesonnen bist." - „Erwartest du etwa, daß ich ihn mag", gab Lazar zurück, „wenn er immer diesen Stock schwingt?" – „Trotzdem", antwortete Agnes nachdenklich, „ist es deine Pflicht, ihn zu lieben und ihm Respekt entgegenzubringen. Er ist ein Priester Christi."

Malcolm Muggeridge war später tief beeindruckt von dieser Haltung Mutter Teresas gegenüber der Kirche und den von ihr eingesetzten Dienern. „Kirchliche Autorität“, schrieb er, „ist etwas, das sie in derselben fraglosen Art annimmt, wie Bauern das Wetter oder Seeleute die Stürme auf See. Es würde ihr niemals einfallen, sie besonders zu verehren oder in Frage zu stellen.“

Es dauerte nicht lange, und Pater Zadrima bekam einen Assistenten, einen Priester, der ein kluger Organisator war. Er half bei der Arbeit mit den Kindern und Jugendlichen. Daß er kaum Albanisch konnte, war vor allem für den Katechismusunterricht ein Problem. Agnes übersetzte oft für ihn und beteiligte sich auch an den Aktivitäten, die er für die Jugend organisierte. Ihre Beteiligung am kirchlichen Leben wurde noch wesentlich intensiver, als 1924 Pater Franjo Jambreković in die Pfarrei kam.

Jambreković sprach gut Albanisch, und Agnes' Dienste als Dolmetscherin wurden nicht länger gebraucht. Aber es gab eine Menge anderer Beschäftigungen für sie. Pater Jambreković gründete die *Sodalität der Schwestern Mariens* (eine christliche Gemeinschaft für junge Mädchen), und Agnes wurde eines ihrer ersten Mitglieder. Ein weiteres seiner Projekte war eine gemischte katholische Jugendgruppe, die Feste, Kultur-Treffs, Konzerte, Wanderungen, Ausflüge usw. veranstaltete. Die jungen Leute in Skopje reagierten begeistert. Die

Kirche wurde ein Mittelpunkt des geistlichen und kulturellen Lebens für die Jugend. Durch die Arbeit von Pater Jambreković erhielt die kleine katholische Gemeinde am Ort eine neue Zielrichtung. Die Arbeit der Bischöfe Mjeda und Glasnović und des Pfarrers Zadrima, die den Grund dafür gelegt hatten, trug nun Früchte.

Bald gingen Gerüchte um, daß die damalige Regierung, die sich der Ausbreitung der Kirche widersetzte, besonders beunruhigt sei über die Arbeit des neuen Priesters in Skopje. Deshalb fürchtete man, daß er aus der Pfarrei abgezogen würde. Bei den Mitgliedern der Pfarrei wie auch bei seinen Brüdern im Priesteramt hinterließ Pater Jambreković einen so großen Eindruck, daß sich diejenigen, die ihm begegnet sind, noch heute mit Respekt und Zuneigung an ihn erinnern. Eine seiner Leidenschaften galt der Mission. In der Pfarrkirche wurde regelmäßig für die Arbeit der Missionare gebetet; und er ermunterte seine Gemeinde, sich auch praktisch zu engagieren – zum Beispiel durch Spenden. Nicht zuletzt sprach er mit den jungen Leuten über die Missionsarbeit und die Notwendigkeit, sich für die Armen und Leprakranken einzusetzen.

Agnes' Gespür für ihre Berufung erhielt durch seine unermüdliche Arbeit für die Sache der Mission eine neue Dimension. Sie verschlang die katholischen Zeitschriften, die er in der Kirche verteilte. Vor allem die *Katholische Mission*, die regelmäßig Berichte über die Arbeit kroatischer und slowenischer Missionare in Kalkutta brachte. Das kirchliche Leben wurde immer mehr zum Mittelpunkt ihres eigenen Lebens und gab ihm eine neue Richtung. Als der Vater noch lebte, dominierte in der Familie das politische Interesse. Nach seinem Tod lebte die Familie vor allem aus dem Glauben. Die Gottesdienste, die Liturgie, die spannenden Geschichten von der Arbeit in der Mission und die Berichte über das, was in den abgelegenen Missionsstationen geschah, prägten die Welt, in der sie lebten, und wurden für Agnes immer bedeutender.

Die zehnjährige Agnes (erste von links) im Jahr 1920 mit Freunden in Skopje.

Agnes (rechts) mit ihrem Bruder Lazar und ihrer Schwester Aga im Jahr 1924.

Agnes (Mitte) am Ende ihrer Schulzeit im Jahr 1928.

Schwester Teresa (links) als Novizin in Darjeeling am 22. Februar 1929. Dies war das erste Foto, das sie ihrer Familie aus Indien sandte.

Schwester Teresa (erste von rechts) nach Ablegung ihrer ersten Gelübde am 23. Mai 1929.

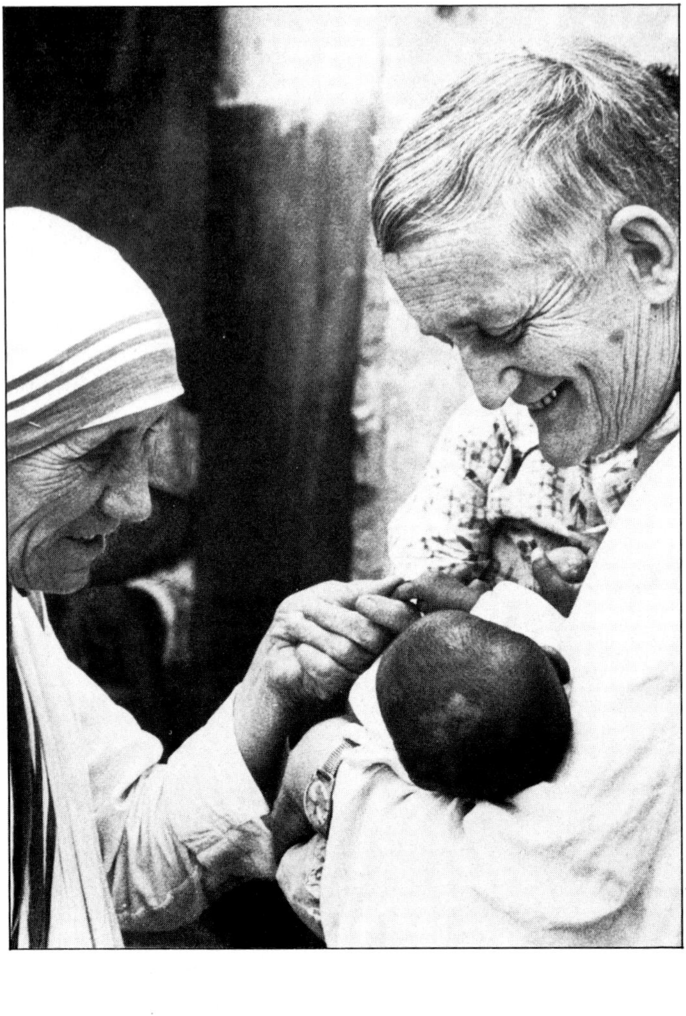

Mutter Teresa und Frère Roger Schutz von Taizé.

Der Ruf Gottes

Agnes Bojaxhiu hatte große, leuchtende Augen und eine sehr zarte Figur. In ihrem Verhalten unterschied sie sich kaum von ihren Altersgenossen, war eher ein bißchen introvertiert und zurückgezogen. Sie war sehr gut in der Schule und half gerne ihren Klassenkameraden, die nicht so leicht mitkamen. Bereits in der Grundschule war sie eine hervorragende Schülerin gewesen; in der Oberschule war sie immer die beste ihrer Klasse.

Agnes hatte besondere Talente auf musischem Gebiet. Die ganze Familie war sehr musikalisch. Fast täglich sangen sie, spielten Klavier oder gaben ihren Gästen kleine improvisierte Konzerte. Kolë gehörte einer Blaskapelle an, die sich „Die Stimmen der Berge" nannte. Agnes und Aga traten dem Kirchenchor bei und gehörten dort zu den besten Stimmen. Man nannte sie „die beiden Nachtigallen der Kirche". Aga sang Alt und Agnes Sopran. Sie traten auch bei den Wohltätigkeitskonzerten auf, die fast jeden Monat stattfanden.

Agnes war bekannt für ihre Pünktlichkeit bei den Proben und für ihre Fröhlichkeit. „Sie nahm an allen Veranstaltungen teil, die die katholische Jugend organisierte", erzählt ein Musiker aus dem

Ort, ein Bekannter der Bojaxhius. „Sie spielte und inszenierte Theaterstücke, sang, spielte Instrumente – ich unterrichtete sie in Mandoline. Sie lernte schnell und spielte bald sehr gut."

Agnes begeisterte sich auch für die Poesie. Sie schrieb selber Gedichte und las sie dann anderen vor. Der Kreis ihrer Freundinnen war groß, sie ging sehr unkompliziert mit ihnen um. Aber sie war schüchtern, wenn sie mit Jungen zusammen war, und brauchte Zeit, um ihre Scheu zu überwinden. Unterschiede der Religion, der Sprache oder der Nationalität spielten dabei keine Rolle. „Sie war ein Mensch, mit dem jeder gerne zusammen war – vor allem die Mädchen", erinnert sich ein Kamerad aus der Pfarrjugend. „Sie war der geborene Organisator. Zusammen mit Pater Jambreković war sie die treibende Kraft und eine Quelle immer neuer Ideen. Ich besitze immer noch einige Programmhefte aus dieser Zeit, in denen ihr Name an prominenter Stelle erscheint."

Zu Hause wurde sie sehr geliebt. Ihr Bruder erinnert sich: „Ich habe nie gehört, daß sie unseren Eltern eine Bitte abgeschlagen hätte. Meine Mutter sagte mir oft: ‚Du solltest dir an Agnes ein Beispiel nehmen, obwohl sie jünger ist als du.'" Das führte aber nicht dazu, daß die Eltern sie bevorzugten oder die Geschwister auf sie eifersüchtig wurden. Die Mutter achtete sehr auf Disziplin und verlangte, daß die Kinder sich regelmäßig an der Hausarbeit beteiligten. Jeden Abend mußten Agnes und Lazar abwechselnd die Schuhe der ganzen Familie putzen. Lazar bat seine Schwester oft, das für ihn zu tun, was sie auch tat. Wenn sie ihn dabei erwischte, daß er etwas Verbotenes tat, verpetzte sie ihn nie.

Mit ihrer Mutter war Agnes sehr eng verbunden. Einmal bemerkte Drana über ihre begabte Tochter, sie würde sie wohl nicht mehr sehr lange bei sich haben. Entweder würde sie sie aufgrund ihrer schwachen Gesundheit verlieren, oder Agnes würde ihr Leben Gott weihen.

Die Kinder wurden älter. Zu der Zeit, als Agnes Schülerin an der staatlichen Schule war und Aga auf eine Handelsschule ging, erhielt Lazar den Sabri-Qytezi-Preis, der auch ein Stipendium für einen einjährigen Studienaufenthalt in Österreich einschloß. So verließ Lazar im Jahre 1923 als erster die Familie.

Als er aus Österreich zurückkehrte, war Agnes 14 Jahre alt. Er kam an einem Sonntag nach Hause, und Aga und Agnes überredeten ihn, sich mit ihnen in den Chor der Kirche zu setzen. Während der Messe sangen die beiden ein Duett. Es war das erste Mal, daß der Bruder sie öffentlich zusammen singen hörte.

Im folgenden Jahr ging Lazar wieder fort; er hatte einen Platz an der Militärakademie von Tirana in Albanien bekommen. Es war sehr schwer für Drana, sich damit abzufinden, daß er nun wohl für immer fortging. Aber es erwartete sie noch ein anderer Abschied: Agnes' Entschluß, Gottes Ruf zu folgen und in ein Kloster einzutreten.

Drana hatte schon lange gemerkt, daß ihre Tochter eine religiöse Berufung hatte. Mutter Teresa selbst hat einmal gesagt, daß sie mit zwölf Jahren zum ersten Mal das Verlangen verspürte, ganz Gott zu gehören. „Sechs Jahre lang dachte ich darüber nach und betete", sagte sie. „Manchmal zweifelte ich, daß ich überhaupt berufen sei ... aber schließlich war ich sicher, daß Gott mich wirklich rief. Unsere Liebe Frau von Letnice hat mir geholfen, das zu erkennen. Es betraf mich ganz allein, es war keine Vision, sondern einfach eine Berufung."

Agnes sah ihre Berufung immer als etwas, das mit der Mission zu tun hatte. Die Worte eines Missionars aus Indien hinterließen einen tiefen Eindruck in ihr: „Jeder Mensch hat seinen ganz persönlichen Weg, und er muß diesen Weg gehen."

Die Begeisterung von Pater Jambreković für die Mission war ein Ausdruck des unter Papst Pius XI. verstärkten Einsatzes für die Ausbreitung des Glaubens. Agnes erfuhr durch christliche Zeitschriften vieles über die Missionare und ihre Arbeit. In Indien, im Ganges-Delta südlich von Kalkutta, arbeiteten einige jugoslawische Jesuiten, die regelmäßig nach Hause berichteten. Nachrichten von anderen missionarischen Aktivitäten in Bengalen und Darjeeling erhielten sie von einem Theologiestudenten in Kurseong, der viele Briefe an seine Freunde in Jugoslawien schrieb. Wenn Missionare nach Skopje kamen, traf sich Agnes gern mit ihnen und hörte mit Begeisterung die Berichte über ihre Arbeit in den fernen Ländern. Einmal zeigte ein Jesuit in der Kirche eine große Landkarte, auf der alle Missionsstationen markiert waren. Agnes beeindruckte bei dieser Gelegenheit alle Anwesenden mit ihrem Wissen über die Orte und Personen, die dort tätig waren.

Die Jahre zwischen zwölf und achtzehn waren für Agnes (trotz aller Begeisterung für die Mission) auch Jahre des inneren Ringens um ihre Berufung. Ein junger Mensch wie sie konnte nicht ohne weiteres sicher sein, daß er wirklich von Gott den Ruf erhalten hatte, ihm sein Leben zu weihen. Daher versuchte sie, sich den Gedanken aus dem Kopf zu schlagen und sich auf andere Dinge zu konzentrieren, um so zu einer Klarheit zu finden.

Mutter Teresa hat selten über diese Zeit ihres Lebens gesprochen. Sie hat eigentlich nur beschrieben, wie schmerzlich es war, ein so glückliches Elternhaus wie das ihre zu verlassen. Und das um so mehr, als der Weg, den sie einschlagen wollte, auch bedeutete, daß sie nicht erwarten konnte, jemals wieder in einer solchen Umgebung zu leben: Ehe, Kinder, cin eigenes Heim – das waren genau die Dinge, denen sie entsagen mußte, wenn sie in einen Orden eintreten wollte.

Neben dieser Entscheidung, die schwer genug war, mußte sie auch alle Hoffnungen auf eine Karriere aufgeben und alle Chancen, ihr beachtliches künstlerisches Talent weiter zu entwickeln. Seit ihrer frühesten Kindheit hatte sie davon geträumt, Lehrerin zu werden. Sie hatte auch gehofft, auf literarischem oder musikalischem Gebiet tätig werden zu können. Ihre Berufung zum Ordensleben bedeutete, diese Hoffnungen hintanzustellen. Daß sie später ein unerwartetes Betätigungsfeld für diese ihre Talente in der Mission finden sollte, konnte sie damals nicht ahnen.

Anfangs hatte sie eine Klosterschule besucht, aber ihre weitere Ausbildung erhielt sie an der staatlichen Schule von Skopje. Trotzdem fehlte es ihr in dieser Zeit nicht an geistlicher Führung und Erziehung. Diese bekam sie von ihrer Familie und von der Pfarrgemeinde; so verlor sie nicht das Gefühl für ihre Berufung, obwohl es sicher Hindernisse und Entmutigungen gab.

Irgendwann beschloß sie, ihre Berufung zu prüfen, indem sie den Rat derjenigen suchte, die sie am besten kannten. Zunächst trat sie an ihre Familie heran. Als sie ihrer Mutter erzählte, sie fühle den Ruf zu einem Gott geweihten Leben, war diese bemüht, nicht zu begeistert zu reagieren. Sie wußte, daß die Herzen und der Verstand junger Menschen leicht von Emotionen und religiöser Begeisterung beeinflußt werden können. Aber als sie sich überzeugt hatte, daß es Agnes wirklich ernst war, ermutigte sie die Tochter und gab ihr den Rat: „Meine Tochter, wenn du etwas anfängst, tu es mit ganzem Herzen. Sonst fang es besser gar nicht erst an.“

Agnes vertraute sich auch Aga, einigen guten Schulfreunden und den Geistlichen der Gemeinde an. Sie hat einmal erzählt, wie sie eines Tages zu ihrem Beichtvater ging. „Wie kann ich wissen, ob Gott mich wirklich ruft?“, fragte sie ihn, „und wenn ja, zu was beruft er mich?“ – „Du kannst es feststellen an dem Gefühl, das du dabei hast“, antwortete der Priester. „Wenn der Gedanke, daß Gott dich vielleicht ruft, ihm und deinem Nächsten zu dienen, dich glücklich macht, dann ist das sicher der beste Beweis für die Echtheit deiner Berufung. Freude, die aus der Tiefe deines Wesens kommt, ist wie ein Kompaß, der dir hilft, die Richtung zu bestimmen, die dein Leben nehmen soll. Das gilt auch, wenn der Weg, den du gehen mußt, schwierig ist.“

Den festen Entschluß, in einen Orden einzutreten, faßte Agnes mit achtzehn Jahren. In den letzten beiden Jahren vor ihrem Klostereintritt verbrachte sie insgesamt zwei Monate in Letnice und nahm an mehreren Einkehrtagen teil. Dabei fragte sie ihre Ratgeber, wie sie es anstellen solle, nach Indien zu kommen. Man sagte ihr, sie solle sich um die Aufnahme in den Loreto-Orden bemühen, dessen Missionarinnen in Bengalen arbeiteten. Dabei müsse sie den üblichen Weg gehen: Zuerst einen Aufnahmeantrag stellen, dann könne sie in das Mutterhaus nach Dublin gehen, dort Englisch lernen und entsprechend ausgebildet werden. Agnes beantragte ihre Aufnahme und teilte es ihrer Familie und ihren Freunden mit.

Viele waren überrascht, darunter ihr Bruder Lazar, der 1928 gerade die Militärakademie in Albanien abgeschlossen hatte. Er verpflichtete sich zum Dienst in der Armee des gerade gekrönten Königs Zogu, der als Ahmed Zogu die letzten drei Jahre Präsident der Republik gewesen war. Lazar war damals bereits seit einigen Jahren nicht mehr in Skopje gewesen und hatte keine Ahnung, daß die Pläne seiner Schwester schon so weit gediehen waren. Als er hörte, sie habe sich entschlossen, Ordensfrau zu werden, schrieb er ihr und fragte sie, wie sie so etwas tun könne. Ob sie wisse, was sie da vorhabe – sich für den Rest ihres Lebens zu opfern, sich in einem gottverlassenen Nest lebendig zu begraben?

Der junge Leutnant Bojaxhiu, noch ganz erfüllt vom Stolz über seine neuen Würden, hat die Antwort, die er erhielt, nie vergessen: „Du glaubst, daß du wichtig bist, weil du ein Offizier bist, der einem König mit zwei Millionen Untertanen dient. Aber ich diene dem König der ganzen Welt. Wer von uns, glaubst du, hat den besseren Teil erwählt?“ Lazar dachte eine Weile darüber nach und kam dann zu dem Ergebnis, die Entscheidung, die seine Schwester getroffen hatte, sei eigentlich gar nicht so abwegig.

Dranas Antwort auf den Entschluß ihrer Tochter war ebenfalls vorsichtig, aber aus anderen Gründen. Ihre Reaktion war ein bißchen entmutigend für Agnes, denn sie wollte nicht gleich ihr Einverständnis geben. Nicht, weil sie Agnes' Wunsch, Ordensfrau zu werden, nicht gebilligt hätte, sondern weil sie ganz sicher sein wollte, daß ihre Berufung echt war und von Gott kam. Schließlich überzeugte Agnes auch ihre Mutter. Sie erinnert sich noch an den Rat, den ihr damals ihre Mutter gab: „Also gut, Tochter, geh mit meinem Segen. Aber bemüh dich, ganz für Gott und für Jesus Christus zu leben!"

„Wenn ich meiner Berufung nicht treu geblieben wäre, wenn ich mich später anders entschieden hätte", hat Mutter Teresa einmal gesagt, „hätte meine Mutter mich verurteilt, und Gott auch. Eines Tages wird sie mich fragen: ‚Meine Tochter, hast du wirklich nur für Gott gelebt?'"

Der Loreto-Orden hatte inzwischen ihren Aufnahmeantrag angenommen. So ging Agnes am Himmelfahrtstag 1928 zum letzten Mal mit dem Pilgerzug nach Letnice. Dort bat sie die Muttergottes um ihren Segen. Dann kehrte sie nach Skopje zurück, um sich auf ihre Reise vorzubereiten und sich von allen zu verabschieden.

Von Skopje nach Darjeeling

Zum Abschied von Agnes Bojaxhiu aus Skopje wurde ein großes Fest gefeiert. Ein zu diesem Anlaß hergestelltes Textheft für den Gottesdienst trug den Titel: „Auf Wiedersehen!"

Am Tag vor ihrer Abfahrt, am 25. September 1928, versammelten sich die jungen Leute der Pfarrei abends im Haus der Bojaxhius in der Vlaska-Straße. Sie kamen, um noch einmal ein paar Stunden mit Agnes zu verbringen, mit ihr zu sprechen und zu singen. Alle waren sehr bewegt, besonders die Mutter. Viele hatten Geschenke mitgebracht als Andenken oder als Ausdruck der Dankbarkeit für alles, was sie ihnen gewesen war. Lorenc Antoni, der Musiker, der ihr einige Jahre lang Unterricht gegeben und ihre künstlerischen Talente sehr gefördert hatte, schenkte ihr einen goldenen Füller.

Am nächsten Tag kamen ihre Freunde und Verwandten zum Bahnhof, um sich endgültig zu verabschieden. Mit ihnen kamen auch viele Kinder, Jugendliche, Schulfreunde von Agnes und die meisten Mitglieder der Pfarrei. Lorenc Antoni hielt die Ereignisse dieses Tages in seinem Tagebuch fest:

Ich wachte schon früh auf. Zuerst ging ich zur Kirche, dann zum Bahnhof. Dort kaufte ich drei Fahrkarten nach Zagreb: für Drana, Aga und Ganxhe … Am Bahnhof weinten alle, auch Ganxhe, obwohl sie vorher gesagt hatte, sie würde nicht weinen. Sogar ich hätte fast geweint bei dem Gedanken, einen guten Freund zu verlieren … Stumme Fragen und unausgesprochene Gedanken gingen uns durch den Kopf. Was würde aus Ganxhe werden, dem Mädchen, das nach Indien gehen wollte, in ein fremdes, weit entferntes Land?

Als es Zeit war einzusteigen, schüttelte sie mir fest die Hand. Ich nahm absichtlich eine sehr förmliche Haltung ein, um es ihr leichter zu machen, mit ihrem Schmerz fertig zu werden. Der Zug fuhr los. Wir standen auf dem Bahnsteig und winkten mit unseren Taschentüchern. Sie winkte zurück, solange wir sie sehen konnten.

Die Zeitschrift *Katholische Mission*, die für Agnes' Begeisterung für die Mission eine nicht unwichtige Rolle gespielt hatte, berichtete in ihrer letzten Ausgabe des Jahres 1928:

Ganxhe Bojaxhiu, eine in Skopje geborene Albanierin, erreichte Gottes Ruf, als sie noch zur Schule ging. So wie der heilige Petrus sofort sein Netz zurückließ, so verließ Ganxhe ihre Bücher und zog fort im Namen Gottes. Alle waren überrascht, denn sie war die Beste ihrer Klasse und wurde sehr be-

wundert. Sie war die Seele der Aktivitäten der katholischen Mädchen und des Kirchenchores, und es war klar, daß ihr Weggang eine große Lücke hinterlassen würde. Als sie Skopje verließ, kamen mehr als hundert Menschen zum Bahnhof, um sie zu verabschieden. Alle weinten und waren sehr bewegt.

Agnes blieb fast drei Wochen in Zagreb, wo sie auf eine andere junge Jugoslawin namens Betika Kajnč wartete, die auch vom Loreto-Orden angenommen worden war. Als sie ankam, verabschiedete sich Agnes endgültig von ihrer Familie, und die beiden traten ihre Reise nach Irland an. Es war eine lange, unbequeme Bahnfahrt durch Österreich, die Schweiz und Frankreich. Dann überquerten sie den Kanal, fuhren nach London und schließlich mit dem Schiff nach Irland. In Dublin wurde Agnes von der Mutter Oberin und zwei Loreto-Schwestern abgeholt.

Die *Schwestern von Loreto* sind der irische Zweig des *Instituts der Englischen Fräulein* (*Institutum Beatae Mariae Virginis*). Dieser Orden wurde 1609 in Saint-Omer (Nordfrankreich) von Maria Ward gegründet. Maria Ward war eine unkonventionelle und temperamentvolle Frau, deren radikale Ansichten und Methoden ihrer Zeit gut 200 Jahre voraus waren. Sie erkannte die Bedeutung einer Mitarbeit der Frauen in der Kirche und sah ihre Aufgaben vor allem im Bereich der Mädchenerziehung. Für ihre Gründung wollte sie die Jesuitenregel übernehmen, was aber in der römischen Kurie auf Widerstand stieß. 1631 wurde ihr Institut sogar verboten und sie nach Rom zitiert. Die Lehr- und Erziehungstätigkeit ihrer Schwestern konnte jedoch weitergehen. 1639 kehrte Maria Ward nach London zurück und machte dort eine Schule auf. Später zog sie nach York, wo sie 1645 starb. Vierzig Jahre später eröffneten die *Englischen Fräulein* einen Konvent in York. Da in Irland die Katholiken immer noch verfolgt wurden, kamen viele irische Mädchen nach York, um dort die Schule zu besuchen. Unter ihnen war auch Frances Ball, die später als Schwester Maria Teresa in den Orden eintrat. Als der Erzbischof von Dublin, der auch den Mädchen in seiner Diözese eine gute Erziehung ermöglichen wollte, das Kloster von Bar bat, eine Niederlassung in seiner Diözese zu gründen, beschloß die Oberin, statt ihre ohnehin schon kleine Gemeinschaft weiter zu dezimieren, lieber Schwester Maria Teresa für diese Aufgabe auszubilden und vorzubereiten.

Aus kleinen Anfängen wuchs diese Schule zu einem stattlichen Werk an, und 1822 stellte der Erzbischof den Schwestern das Rathfarnham-Haus zur Verfügung. Sie benannten es nach dem „Heiligen Haus" in Loreto, Italien. Der Tradition nach soll es das Haus der Heiligen Familie in Nazareth gewesen sein.

Der „Loreto-Orden" breitete sich sehr schnell

aus; bereits 1841 bat man die Schwestern, eine Niederlassung in Kalkutta zu gründen. In Indien wuchs der Orden weiter, man gründete Schulen und Krankenhäuser. Heute werden dort mehr als 7000 Kinder von Loreto-Schwestern unterrichtet.

Agnes blieb einige Monate in Rathfarnham und bereitete sich dort auf ihr Leben im Kloster vor. Sie lernte Englisch und befaßte sich mit der Geschichte des Instituts. Es war ihre erste Erfahrung mit dem Leben in einem Ordenshaus, und sie trug zum ersten Mal den Habit der Novizen. Das war das sichtbare Zeichen für den Beginn ihres neuen Lebens der Abgeschiedenheit und des Dienens. Sie nahm auch – wie im Kloster üblich – einen neuen Namen an: Ganxhe Agnes Bojaxhiu wurde Schwester Maria Teresa vom Kinde Jesu. Betika, ihre Reisegefährtin, nahm den Namen Maria Magdalena an.

Schließlich kam für beide die Zeit, nach Indien zu gehen. Von den entsprechenden Behörden die dafür nötigen Dokumente zu bekommen, war nicht ganz leicht, aber am 1. Dezember 1928 stach ihr Schiff, die *Marcha*, in See. Die Reise war lang und anstrengend, das Schiff schlingerte stark in der rauhen See. Abgesehen von drei Franziskaner-Schwestern waren alle anderen Passagiere Anglikaner. Da kein katholischer Priester an Bord war, konnten sie keine Messe besuchen, bis das Schiff Port Said erreichte.

Weihnachten feierten sie an Bord des Schiffes auf hoher See. Sie bastelten eine Krippe aus Papier und sangen Weihnachtslieder. Um Mitternacht kamen die Franziskanerinnen dazu. Gemeinsam sangen sie das *Gloria*, beteten den Rosenkranz und beendeten ihre kleine Feier mit dem *Adeste fideles*. Vom Deck des Schiffes beobachteten sie das Mondlicht, das sich im schwarzen Ozean spiegelte, und die Sterne, die in der Tiefe der Nacht funkelten. Nur etwas trübte das Glück der beiden Mädchen, daß sie weder die Christmette feiern noch kommunizieren konnten.

Die Briefe der Missionare, die sie als junges Mädchen gelesen hatte, hatten in ihr einen besonders tiefen Eindruck hinterlassen. In ihrem „neuen" Leben schrieb sie nun selber von Anfang an regelmäßig und mit Begeisterung Briefe. In dem ersten, den sie am 6. Januar 1929 an die Zeitschrift *Katholische Mission* schrieb, beschreibt Teresa ihre Ankunft in Indien, dem „Land ihrer Träume":

Wir kamen am 27. Dezember (1928) in Colombo an. Am Kai wartete Mr. Scalon auf uns, der Bruder einer unserer Schwestern. Wir gingen zur Missionsschule St. Josef und dankten dort in einer ärmlichen Kapelle dem Herrn. Anschließend gingen wir zu Mr. Scalon nach Hause. Wir betrachteten das Leben in den Straßen mit gemischten Gefühlen. Die eleganten europäischen Kleider unterschieden sich deutlich von den bunten Gewändern der dunkelhäutigen Menschen. Die meisten Inder waren halb nackt, ihre Haut und ihre Haare glänzten in der glü-

henden Sonne. Offensichtlich waren sie sehr arm. Am meisten Mitleid hatten wir mit den Männern, die wie Pferde ihre kleinen Karren durch die Straßen zogen. Wir hatten uns gerade vorgenommen, niemals selbst einen solchen Karren zu benutzen, als Mr. Scalon, der an diese Dinge gewöhnt war, uns in einem dieser Gefährte in sein Haus fahren lassen wollte. Wir waren beide sehr bekümmert, aber wir mußten es akzeptieren. Wir konnten nur beten, daß unser Gewicht möglichst leicht sei für den Mann, der es ziehen mußte. Als wir schließlich ankamen, waren wir glücklich.

Die Natur ist außergewöhnlich schön hier. Die ganze Stadt sieht aus wie ein riesiger Garten. Stattliche Palmen mit Früchten ragen hoch in den Himmel, und fast an jedem Haus stehen herrliche Pflanzen. Während wir dies alles bestaunten, beteten wir, Gott möge in seiner Güte auch die Seelen der Menschen schöner machen …

Am nächsten Tag gingen wir zu den Schwestern vom Guten Hirten, *die eine sehr schön eingerichtete Kirche haben. Sie erzählten uns, daß es in Colombo einige wenige gute Katholiken gäbe. Gegen halb acht Uhr abends, als wir wieder an Bord unseres Schiffes kamen, waren wir sehr erfreut, einen katholischen Priester zu entdecken, der auch nach Darjeeling fuhr. Auf diese Weise hatten wir nun täglich eine heilige Messe, und das Leben an Bord schien uns nicht mehr so öde.*

Den Silvester-Abend konnten wir nicht sehr feier-

lich begehen, aber wir sangen trotzdem in unserem Herzen das Te deum. *Das Neue Jahr begannen wir mit einer feierlichen, gesungenen Messe.*

Am selben Tag bei Einbruch der Dunkelheit erreichten wir Madras. Schon die Küste bot ein trauriges Bild. Als wir am nächsten Tag die Stadt besichtigten, waren wir zutiefst erschüttert von ihrer unbeschreiblichen Armut. Viele Familien leben auf der Straße, unterhalb der Stadtmauern, viele Menschen auf engstem Raum. Tag und Nacht sind sie unter freiem Himmel, sie schlafen auf Matten, die sie aus Palmenblättern gemacht haben, oder häufig sogar auf dem nackten Boden. Sie sind alle fast nackt; bestenfalls haben sie ein zerschlissenes Lendentuch um. An Armen und Beinen tragen sie ganz dünne Reifen, außerdem Schmuck an der Nase und den Ohren. Auf der Stirn haben sie Zeichen, die eine religiöse Bedeutung haben.

Als wir durch die Straßen gingen, trafen wir auf eine Familie, die sich um einen toten Angehörigen versammelt hatte. Der Leichnam war in alte rote Lappen gewickelt, worauf sie gelbe Blumen gestreut hatten; das Gesicht war mit bunten Streifen bemalt. Es war ein schrecklicher Anblick. Wenn die Menschen bei uns so etwas nur sehen könnten, würden sie aufhören, über ihr eigenes Unglück zu klagen, und Gott danken, daß er sie mit solchem Überfluß gesegnet hat.

In der Stadt gibt es viel zu entdecken, aber die Schönheit der Natur ist nicht so auffällig wie in Co-

lombo. In einem Kloster, in dem wir uns einige Tage aufhielten, erzählte man uns, daß es in Madras viele Katholiken gäbe, aber daß sie sehr arm seien. Wenn sie auch nicht völlig mittellos wären, so lebten sie doch unter unwürdigen Umständen, und die Missionare seien nicht in der Lage, ihnen viel zu geben.

Am 6. Januar verließen wir die Küstengegend und fuhren den Ganges hinauf, den sie den „heiligen Fluß" nennen. So konnten wir unser neues Land, Bengalen, eingehend betrachten. Auch hier ist die Natur einfach herrlich. An einigen Stellen gibt es schmucke kleine Häuser und Zelte unter Bäumen. Dort wären wir gerne geblieben.

Als unser Schiff anlegte, beteten wir still ein Te deum. *Am Kai warteten unsere indischen Schwestern auf uns. Mit einer Freude, die ich nicht beschreiben kann, betraten wir zum ersten Mal bengalischen Boden. In der Klosterkirche dankten wir Gott dafür, daß er uns heil an unser Ziel gelangen ließ. Hier werden wir eine Woche bleiben. Dann werden wir nach Darjeeling weiterreisen, wo wir unser Noviziat machen werden. Betet viel für uns, daß wir gute und mutige Missionarinnen werden!*

Nach einer kurzen Zeit der Vorbereitung kam Schwester Teresa vom Kinde Jesu am 23. Mai 1929 (zusammen mit Maria Magdalena, ihrer Freundin aus der Heimat) ins Noviziat. Dadurch wurde ihre Namensänderung endgültig. Der Erzbischof von Kalkutta, Monsignore Ferdinand Périer, nahm an der liturgischen Feier teil und hielt die Predigt.

Schwester Teresa schrieb einen langen Brief an ihre Tante Maria (die Großmutter von Lorenc Antoni) und legte auch ein Foto von sich bei. Der Brief war erfüllt von der Freude darüber, daß nun ihr neues, Gott geweihtes Leben begonnen hatte. Auf das Foto – das ihre Tante ihr Leben lang aufbewahrte – schrieb sie: „Meine liebe Tante, ich bin gesund und wohlauf. Ich schicke dir dieses Foto als Andenken an den schönsten Tag meines Lebens. Es ist der Tag, seit dem ich ganz Christus gehöre. In Liebe von deiner Agnes, der kleinen Teresa vom Kinde Jesu."

Während des Noviziats, das normalerweise zwei Jahre dauert, werden die jungen Schwestern eingeführt in das Gebetsleben, in die Spiritualität und die Geschichte des Ordens, und sie werden auf ihre missionarischen Aufgaben vorbereitet. (Teresas Novizenmeisterin war Schwester Baptista Murphy.) Diese Zeit der Vorbereitung und der ersten Schritte im religiösen Leben ist in vielem anders als das, was man sonst erlebt. Häufig ist es eine schwierige Zeit, und auch für die junge Teresa dürfte es nicht immer leicht gewesen sein.

Ein Jesuiten-Missionar, Janez Udovč, schickte Nachrichten von den beiden Mädchen nach Zagreb: „Sie sind wirklich glücklich und haben ein erfülltes Leben; ich staune, wie gesund sie sind. Sie sprechen schon gut Englisch und Hindi, und sie lernen Bengali, denn sobald sie ihre Gelübde abgelegt haben, werden sie hinausgehen in die Missionen."

Am 24. Mai 1931 legten Teresa und Maria Magdalena ihre ersten zeitlichen Gelübde ab. Diese müssen jedes Jahr wiederholt werden, bis man nach sechs Jahren die ewigen Gelübde ablegen kann. Nach dieser Feier wurden die beiden Schwestern nach Darjeeling in Assam geschickt, um an der dortigen Loreto-Klosterschule zu unterrichten. Darjeeling liegt im Schatten des Himalaya und war während der Zeit der britischen Herrschaft das Sommer-Hauptquartier der Regierung von Bengalen. Es gab dort eine Reihe von Sanatorien und Krankenhäusern. Viele Menschen kamen nach Darjeeling, da sie hofften, in dem angenehmen Klima dieser Hügellandschaft schneller gesund zu werden.

Für die beiden Schwestern aus Jugoslawien war das eine gute Einführung in die Missionstätigkeit. Darjeeling ähnelte ein bißchen der Landschaft, die sie von zu Hause kannten. Wie von Skopje aus schaut man auf die Berge: den mächtigen Himalaya, die großartige Bergkette von Bhutan und Sikkim und das Gebirge von Nepal. Das Leben im Loreto-Kloster bestand aus harter Arbeit und strengem Gebet.

Schwester Teresa arbeitete als Lehrerin in einer vornehmen Gegend von Darjeeling. Sie half aber auch kurze Zeit den Schwestern in der kleinen Krankenstation. Dort wurde sie mit dem Leid und der Not der Menschen konfrontiert, wie sie es sich nicht hatte vorstellen können.

Im November 1931 veröffentlichte die *Katholische Mission* einen Bericht von ihr über einen Tag in dieser Krankenstation:

In der Apotheke des Krankenhauses hängt ein Bild des Erlösers: Christus ist umgeben von leidenden Menschen, deren Gesichter von den Wechselfällen des Lebens gezeichnet sind. Jeden Morgen, bevor ich mit der Arbeit beginne, schaue ich dieses Bild an. In ihm finde ich alles, was ich fühle. Ich denke: „Jesus, es ist für dich und für diese Seelen!" Dann öffne ich die Tür. Die kleine Veranda ist immer voll von Kranken und Notleidenden. Alle Augen richten sich voller Hoffnung auf mich. Mütter geben mir ihre kranken Kinder, und ihre Gesten sind wie die auf dem Bild in der Apotheke. Mein Herz schlägt vor Glück: „Ich kann dein Werk fortsetzen, liebster Jesus. Ich kann vielen Kummer lindern." Ich versuche, diese Menschen zu trösten und sie medizinisch zu versorgen. Manche von ihnen nehme ich sogar mit in die Kirche.

Viele von ihnen sind von weit her gekommen; manche müssen bis zu drei Stunden zu Fuß gehen. Und das in ihrem Zustand! Ohren und Füße mit Wunden bedeckt, auf dem Rücken Schwellungen, Wunden und Geschwüre. Viele können nicht kommen, weil sie zu sehr geschwächt sind vom Tropenfieber. Einer ist im Endstadium der Tuberkulose, einige brauchen Medikamente. Man braucht lange, um die einzelnen zu behandeln und ihnen die nötigen Ratschläge zu geben. Man muß ihnen mindestens dreimal erklären, wie sie eine bestimmte Medizin nehmen sollen. Diese armen Leute haben kaum eine Schulbildung …

Ich bin fertig und will gerade die Tür zumachen, als eine weitere Prozession von Menschen ankommt. Sicher sind ihre Nöte sehr ernst, da man in Indien eine solche Reise nicht ohne Grund macht. Ich sage ihnen, sie sollen mir die Kinder bringen, denen ihr Arzt nicht helfen kann; ich hätte eine wunderbare Medizin für sie. Sie versprechen es und tun, was ich sage. Ich bin glücklich, den Kindern die beste Medizin überhaupt geben zu können: die heilige Taufe, die ewige Seligkeit.

Später kommt eine Frau mit einem gebrochenen Arm, dann ein junger Mann, der beim Kampf mit einem Verbrecher einen Messerstich in den Rücken erhalten hat, schließlich ein Mann mit einem Bündel, aus dem zwei Beine herausragen. Der kleine Junge ist sehr schwach, er wird bald sterben. Ich laufe, um Weihwasser zu holen. Der Mann hat Angst, daß wir das Kind nicht aufnehmen wollen, und sagt: „Wenn ihr ihn nicht wollt, dann werfe ich ihn ins Gras. Die Schakale werden ihn nicht verschmähen.“ Es zerreißt mir das Herz. Das arme Kind! Schwach und blind – völlig blind. Voller Mitleid und Liebe nehme ich den Kleinen in den Arm und hülle ihn in meine Schürze. Das Kind hat eine zweite Mutter gefunden. „Wer ein solches Kind um meinetwillen aufnimmt, der nimmt mich auf“, sagt der göttliche Freund aller Kleinen (vgl. Mt 18,5). Das Erlebnis mit dem blinden Kind hat diesen meinen Arbeitstag geprägt.

Bereits während ihres Noviziats scheint Teresa beeindruckt zu haben durch dieselben Eigenschaften, die später ihre Arbeit mit den *Missionarinnen der Nächstenliebe* kennzeichnen sollten: eine grundlegend christliche Haltung gegenüber Armut und Leid, eine große Energie sowie praktisches Geschick. Ihr Bruder Lazar faßt das Jahre später in der Feststellung zusammen:

Ich sage ihr heute oft: „Du bist wie ich – ein Offizier. Du hättest auch eine Militärschule besucht haben können.“ Man könnte wirklich sagen: Sie ist wie der Kommandeur einer Einheit, ja einer ganzen Armee. Sie hat einen unglaublich starken Willen – wie unsere Mutter. Sie ist ein gewissenhafter und disziplinierter Mensch. Diese Disziplin ist nicht nur typisch für sie, sondern für ihre ganze Kongregation. Es ist ein sehr strenger Orden mit genauen Regeln, bis ins kleinste Detail durchorganisiert. Und sie ist der Führer.

Schwester Teresa war sehr glücklich, in der Krankenstation arbeiten zu können, aber sie blieb nicht lange dort. Warum, wissen wir nicht. Jedenfalls ging ihre Zeit in Darjeeling bald dem Ende entgegen.

Kalkutta

Agnes Bojaxhiu hatte in ihrer Kindheit davon geträumt, einmal Lehrerin zu werden. Vielleicht hätte sie Musik, Sprachen oder Literatur unterrichtet, da sie für diese Fächer ein besonderes Talent besaß. Als sie ihre Berufung erkannte und ihr folgte, mußte sie diese Hoffnung aufgeben; sie konzentrierte sich nun darauf, sich auf ihre Arbeit in Indien vorzubereiten. Für Agnes Bojaxhiu hatte sich die Tür zum Beruf einer Lehrerin geschlossen. Für Schwester Teresa sollte sie sich in Darjeeling wieder öffnen.

Als ihre Zeit in Darjeeling zu Ende ging, wurde Schwester Teresa nach Kalkutta geschickt, wo die Loreto-Schwestern im Distrikt Entally im Osten der Stadt ein Anwesen hatten.

Die Zustände in den indischen Städten, die sie bisher kannte, hatten sie sehr erschüttert. Kalkutta war noch um einiges schlimmer. Durch die strikte Trennung zwischen Indern, Anglo-Indern und Europäern traten in Kalkutta die sozialen Probleme besonders heftig zutage, und daß seit der Teilung Bengalens 1905 viele Flüchtlinge in die Stadt gekommen waren, verschlimmerte die Situation noch weiter. Die Teilung hatte ziemlichen Unmut gegen die Briten hervorgerufen, und Kalkutta war auch in den dreißiger Jahren noch ein unruhiges Pflaster. In dieser überfüllten und geschäftigen Stadt lebten und arbeiteten die Loreto-Schwestern.

Christliches Engagement in Kalkutta hat eine lange Geschichte. Katholische Missionare waren schon vor Jahrhunderten nach Indien gekommen, aber die katholischen Missionen der Neuzeit hatten ihre größte Blüte Mitte des 19. Jahrhunderts. 1884 gab es in Indien 20 katholische Bischöfe, alles Europäer. Das schnelle Wachsen des Loreto-Ordens haben wir schon erwähnt. Als Teresa in Kalkutta ankam, gab es mehrere katholische Missionsstationen in der Stadt.

Auch protestantische Missionen waren in diesem Gebiet sehr aktiv gewesen. 1799 schloß sich William Carey einer Mission in Serampore an, die es sich zur Aufgabe gemacht hatte, die Bibel ins Hindi zu übersetzen. Eine ganze Reihe protestantischer Missionare folgte ihm, und in Kalkutta wurde ein Seminar gegründet, um Priester auszubilden. 1814 wurde der erste anglikanische Bischof ernannt.

Sowohl katholische als auch protestantische Missionen legten viel Gewicht auf die Erziehung. Kirche und Schulen standen in enger Verbindung. In einem Land mit unzähligen Sprachen und Dialekten war eine Alphabetisierung unerläßlich für die Kommunikation. Darüber hinaus richteten die

Missionare in Indien auch Schulen für Blinde und behinderte Kinder ein, was bei der nicht-christlichen Bevölkerung großen Eindruck machte.

Entally war ein armes Viertel von Kalkutta, geprägt von Industrieansiedlungen und Blechhütten. Dort gab es nur wenige moderne Hochhäuser und Verwaltungsbauten, wie sie im Stadtzentrum gebaut worden waren, und nichts, was Touristen anlocken könnte.

Das dortige Anwesen des Loreto-Ordens war ziemlich groß, seine eleganten Gebäude und gepflegten Anlagen lagen abgeschieden hinter hohen Mauern. Unmittelbar dahinter begannen die Slums von Motijhil. Auf dem Areal lag eine englische Internatsschule, „Loreto Entally“, die sich besonders der Mädchen mit familiären oder psychischen Problemen annahm. Ferner gab es dort die „St.-Mary's-School“ für bengalische Mädchen, die sowohl interne als auch externe Schülerinnen hatte. Schwester Teresa kam an die „St.-Mary's-School“ als Lehrerin für Erdkunde und Geschichte.

Eine vielfältige Aufgabe erwartete sie, und sie freute sich darauf. Um 1935 schrieb sie: „Neben der Schule muß ich mich um viele Kranke kümmern und zehn Schwestern bei ihren Studien helfen – von den Universitäts-Examen gar nicht zu sprechen ... Und ich habe noch eine Aufgabe übernommen: die St.-Teresa-Schule in Kalkutta.“ Diese Schule lag außerhalb des Klosters. Jeden Tag verließ Teresa die Stille der Klostermauern und machte sich zu Fuß auf den Weg zur St.-Teresa-Schule. Dieser Weg war eine Art Vorbereitung auf ihre späteren Aufgaben, denn er führte sie aus der Beschaulichkeit des Klosters heraus und setzte sie dem Elend und der Not der indischen Stadt aus. Sie erfuhr aus erster Hand und sah mit eigenen Augen, was extreme Armut bedeutet.

Eigentlich ist es unzutreffend, in Kalkutta von „Slums" zu sprechen. Slums sind meist genau umgrenzte Bezirke, Ghettos der Verarmten, die sich im allgemeinen auf ein bestimmtes Gebiet beschränken. In Kalkutta waren die Blechhütten – besonders seit 1947 nach dem massiven Flüchtlingszustrom – über die ganze Stadt verteilt.

Der Glanz der Kolonialstadt mit ihren breiten Straßen und gepflegten Gebäuden wurde – und wird – überschattet von der Masse der Armen und Notleidenden, die die Straßen bevölkerten und sich auf jedem freien Stückchen Land niederließen. Der Anblick und der Geruch der zusammengepferchten Menschen, der Gestank menschlicher Exkremente, offener Wunden und der allgegenwärtigen Kühe, die durch die Straßen zogen, wo und wie sie wollten, muß Teresa sehr schockiert haben. Das Kloster hatte sie nicht vor der Wirklichkeit Kalkuttas bewahren können. Ihr täglicher Fußweg brachte sie in direkten Kontakt mit den Ärmsten der Armen.

Teresas Kindheitstraum hatte sich erfüllt: Sie war Lehrerin. Es scheint, daß ihr diese Arbeit viel Freude machte, auch wenn sie oft anstrengend war. Mit ihrer vorbehaltlosen Liebe und ihrem Enthusiasmus gelang es ihr nach und nach, die Herzen der Kinder zu gewinnen. Anfang 1935 beschrieb sie ihre erste Begegnung mit den Schülern in der St.-Teresa-Schule und das Mißtrauen, das sie überwinden mußte, weil sie eine weiße Frau war.

Als sie mich zum ersten Mal sahen, fragten sich die Kinder, ob ich wohl ein böser Geist oder eine Göttin sei. Für sie gab es nichts dazwischen. Jeder, der gut ist, wird verehrt wie einer ihrer Götter; jeder, der ihnen nicht wohlgesonnen ist, wird gefürchtet und auf Abstand gehalten, als sei er ein Dämon.

Ich krempelte gleich die Ärmel auf und räumte das ganze Klassenzimmer um. Ich fand Wasser und einen Schrubber und begann, den Boden zu wischen. Das erstaunte sie sehr. Sie hatten es nie erlebt, daß eine Lehrerin so ihren Unterricht begann. In Indien ist das Putzen eine Arbeit, die nur von Menschen der niederen Kasten verrichtet wird. Die Kinder standen lange da und starrten mich an. Als sie sahen, daß ich fröhlich war und lachte, begannen die Mädchen, mir zu helfen, und die Jungen brachten frisches Wasser. Nach zwei Stunden war aus dem Raum ein wenigstens annähernd sauberes Klassenzimmer geworden. Die Schule besteht im wesentli-

chen aus einem langgestreckten Raum, der ursprünglich eine Kapelle war und nun in fünf Klassenräume unterteilt ist.

Als ich ankam, hatte sie 52 Schüler; inzwischen sind es mehr als 300. (Ich unterrichte auch in einer anderen Schule, in der ungefähr 200 Kinder sind, aber sie gleicht mehr einem Stall als einer Schule! Und dann unterrichte ich auch noch an anderer Stelle, in einer Art Innenhof.)

Als ich zum ersten Mal sah, wo die Kinder schliefen und aßen, war ich von Schmerz erfüllt. Eine größere Armut kann man sich nicht vorstellen. Und trotzdem sind sie glücklich. Begnadete Kinder! Als wir uns allerdings zum ersten Mal begegneten, waren sie überhaupt nicht fröhlich. Sie fingen erst an, zu hüpfen und zu singen, als ich meine Hand auf jeden der schmutzigen kleinen Köpfe gelegt hatte. Von dem Tag an nannten sie mich „Ma", was „Mutter" bedeutet. Wie wenig braucht es, um kindliche Seelen glücklich zu machen! Die Mütter fingen an, ihre Kinder zu mir zu bringen, damit ich sie segne. Anfangs war ich erstaunt über diese Bitte, aber in den Missionen muß man auf alles gefaßt sein.

Teresas Berufung hatte sich bestätigt, und sie fand ihre Erfüllung. Wic die Väter des Alten Bundes war sie Gottes Ruf gefolgt: „Zieh weg aus deinem Land, von deiner Verwandtschaft und aus deinem Vaterhaus in das Land, das ich dir zeigen werde. Ich werde … dich segnen und deinen Namen groß machen. Ein Segen sollst du sein. Ich will segnen, die dich segnen“ (Gen 12,1-3).

Jeden Sonntag besuche ich die Armen in den Slums von Kalkutta. Ich kann ihnen keine materielle Hilfe leisten, da ich nichts habe. Aber ich gehe hin, um sie glücklich zu machen. Letztes Mal warteten mindestens 20 Kinder gespannt auf ihre „Ma“. Als sie mich sahen, kamen sie mir entgegen, alle auf einem Bein hüpfend. In dem Gebäude leben zwölf Familien; jede Familie hat nur einen Raum, zwei Meter lang und anderthalb Meter breit. Die Türen sind so eng, daß ich mich kaum hindurchzwängen kann, die Decken so niedrig, daß man unmöglich aufrecht stehen kann. Und die armen Menschen müssen vier Rupien zahlen für diese Löcher. Wenn sie nicht pünktlich zahlen, werden sie auf die Straße gesetzt. Ich wundere mich nicht mehr, daß meine Schüler ihre Schule so lieben und daß so viele Tuberkulose haben.

Ich war traurig und gleichzeitig glücklich zu sehen, wie sehr eine arme Frau, die sich nie über ihr Elend beklagte, sich über mein Kommen freute. Eine andere sagte mir: „Oh, Ma, komm wieder! Dein Lächeln hat die Sonne in dieses Haus gebracht.“ Auf dem Heimweg dachte ich: „Herr, wie leicht ist es doch, Glück an diesen Ort zu bringen! Gib mir die Kraft, immer das Licht ihres Lebens zu sein, so daß ich sie schließlich zu dir führen kann!“

In diesen Begegnungen wurde bereits keimhaft sichtbar, was später Mutter Teresas Leben erfüllen sollte: ihr Einsatz für die Ärmsten der Armen. Die Zeit verging, und der Tag ihrer ewigen Gelübde rückte näher, der Augenblick ihrer „Vermählung" mit dem „Geliebten". Einige Begebenheiten aus dieser Zeit hat sie in ihren Briefen festgehalten:

Eines Tages, kurz bevor ich meine ewigen Gelübde ablegte, kam ein kleiner Junge zu mir, blaß und traurig. Er fragte, ob ich sie auch weiterhin besuchen würde, denn er hatte gehört, daß ich nun „Mutter" würde. Er fing an zu weinen und bat mich: „Bitte, werde keine ‚Mutter'!" Ich nahm ihn in den Arm und fragte ihn: „Was ist denn los? Mach dir keine Sorgen! Ich komme zurück. Ich werde immer eure Ma sein." Der kleine Junge lachte wieder und kehrte glücklich hüpfend in den Hof zurück.

Eines Tages kam ein Engländer, um die Schule zu besichtigen. Er war erstaunt über die große Zahl der Schüler. In zwei großen Räumen hatten wir 375 Kinder. Man kann sich vorstellen, was das heißt! Während seines Besuches herrschte absolute Ruhe. Er konnte es kaum glauben und fragte, welche Strafen ich anwendete, um solche Ordnung herzustellen. „Die schlimmste Strafe für die Kinder", sagte ich ihm, „ist, ignoriert zu werden, machen zu können, was sie wollen, ohne daß ich mich darum kümmere. Dann wissen sie, daß sie mich traurig gemacht ha-

ben. Warum sollte ich sie schlagen? Sie bekommen zu Hause genug Schläge." Der Engländer lächelte und meinte: *„Die Kinder müssen Sie sehr lieben, sie merken, daß Sie sie gern haben und etwas für sie tun."*

Neun Jahre war es nun her, seit Agnes Bojaxhiu Skopje verlassen hatte. Die Zeit war sehr schnell vergangen. Nun sollte sie bald ihre ewigen Gelübde ablegen. Und sie war entschlossen – was für sie charakteristisch war –, sich so gut wie möglich darauf vorzubereiten.

Ihre Mutter, Drana Bojaxhiu, lebte inzwischen ganz allein in Skopje. Aga hatte sich 1932 entschlossen, nach Albanien zu ziehen und wie Lazar in Tirana zu leben. Nachdem sie in Jugoslawien Volkswirtschaft studiert hatte, arbeitete Aga in Albanien zunächst als Dolmetscherin und später als Rundfunk-Sprecherin.

Lazar und Aga drängten ihre Mutter immer wieder, zu ihnen nach Tirana zu kommen, und sie luden sie ein, bei ihnen zu wohnen. Schließlich kam Drana – nur mit ihren persönlichen Papieren sowie einigen wertvollen Teppichen und Spitzen. Es war ein ergreifendes Wiedersehen. Als Lazar sie auf dem Bahnhof sah, lief er auf sie zu und umarmte sie. Drana schaute ihren Sohn unsicher an. „Bist du es, Lazar?" – „Erkennst du mich nicht?" fragte er lächelnd. Dann nahm er seine Mutter mit in sein

Haus. Dranas Glück war übergroß. Daß sie Agnes nicht dort antraf, schmerzte sie nicht, denn das bedeutete, daß sie ihrer Berufung treu geblieben war.

Seit ihre Kinder das Haus verlassen hatten, war Dranas Glaube noch tiefer geworden. Sie waren erstaunt, daß sie fast ständig zu beten schien, in der Kirche, zu Hause, sogar auf der Straße hatte sie ihren Rosenkranz in der Hand. Agnes schrieb ihnen oft, und die Gewißheit, daß sie für sie betete, war eine Kraftquelle für Drana und ihre Familie. Aber die Mutter war ihrerseits auch eine Stütze für Agnes. Als sie über ihre bevorstehenden ewigen Gelübde nachdachte, erinnerte sie sich wieder einmal an die Worte ihrer Mutter von damals: „Wenn du dich entschließt, etwas zu tun, tu es mit Freuden. Sonst fang erst gar nicht an.“ Teresa hatte diesen Rat nie vergessen. Er wurde eine Art Lebensregel für sie und später auch für ihre Schwestern.

Ende Mai 1937 legte sie ihre ewigen Gelübde ab, wieder zusammen mit Schwester Maria Magdalena Kajnč. Die Mutter Oberin, der Erzbischof von Kalkutta und viele Schwestern waren zugegen. Am gleichen Tag schrieb Bruder Alojz Demšar, ein Jesuiten-Seminarist in Kurseong, an seinen Oberen, den Provinzial der Jesuiten in Zagreb, Franjo Jambreković, den ehemaligen Pfarrer von Skopje und geistlichen Vater der jungen Agnes:

Ehrwürdiger Vater Provinzial in Christus, ich komme soeben aus der Pfarrkirche von Darjeeling, die auch die Klosterkapelle ist, wo unsere ersten Missionarinnen, Schwester Teresa Bojaxhiu und Schwester Magdalena Kajnč ihre ewigen Gelübde abgelegt haben. Seine Exzellenz, der Erzbischof, Monsignore Périer, zelebrierte die Heilige Messe. Offensichtlich sind die beiden sehr glücklich, und Sie haben ihnen geholfen, dieses Glück zu erreichen; denn Ihnen ist es zu verdanken, daß Schwester Teresa nach Indien kommen konnte.

Nach diesem feierlichen Tag kehrte Teresa nach Kalkutta zurück, wo sie die bisherige Direktorin der St.-Mary's-School, Mutter de Cénacle, ablöste. Kurz darauf schrieb sie an ihre Mutter in Tirana:

Es tut mir so leid, nicht bei Euch zu sein, aber sei glücklich, liebste Mutter, denn Deine Agnes ist glücklich ... Es ist ein ganz neues Leben. Unser Zentrum hier ist sehr schön. Ich bin Lehrerin, und ich liebe die Arbeit. Ich bin auch Direktorin der ganzen Schule, und jeder hier ist mir wohlgesonnen.

Die Antwort ihrer Mutter war typisch. Sie veranlaßte ihre Tochter, Prioritäten zu setzen:

Liebes Kind, vergiß nicht, daß Du nach Indien gegangen bist um der Armen willen. Erinnerst Du Dich an unsere File? Sie war übersät mit Wunden, aber worunter sie am meisten litt, war das Gefühl, daß sie allein war auf der Welt. Wir taten für sie, was wir konnten. Aber das Schlimmste waren nicht die Wunden; es war die Tatsache, daß sie von ihrer Familie vergessen worden war.

Diese Ermahnung kam zur rechten Zeit. Mutter Teresa war immer mehr erschüttert über die schrecklichen Bedingungen, unter denen die Armen in Kalkutta leben mußten. Dranas Brief forderte sie auf, ihre Aufmerksamkeit besonders auf die ärmsten Familien zu richten.

Während der folgenden Jahre reifte in Mutter Teresa immer mehr eine unerwartete Frage: Sie liebte ihre Arbeit in der Schule. Sie hatte viele Jahre dort hart gearbeitet und sich nie geschont. Aber sie machte sich mehr und mehr Sorgen um das Elend der Armen, die an Lepra und Hunger starben.

Sie konnte weder ihre Augen noch ihr Herz davor verschließen. Sie konnte sich nicht länger auf die Pflichten beschränken, die ihr von der Ordensgemeinschaft übertragen worden waren. Wenn sie durch die Straßen ging, sah sie die vielen Obdachlosen und Hungrigen.

Wofür war sie eigentlich in die Mission gekommen? Um die Kinder wohlhabender Bürger zu unterrichten und abgeschieden hinter den hohen Klostermauern zu leben? Sie hörte immer klarer eine Stimme in sich: „Deine Aufgabe ist es, den Ärmsten der Armen zu dienen.“

Der Ruf innerhalb der Berufung

In den Jahren, die Mutter Teresa als Lehrerin in Loreto Entally arbeitete, korrespondierte sie regelmäßig mit ihrer Familie, auch wenn die Arbeitslast ständig zunahm. Und als der Zweite Weltkrieg kaum noch Briefverkehr zuließ, unterstützten sich die Familie in Tirana und die Lehrerin an der Missionsschule in Kalkutta im Gebet.

Es waren unruhige Jahre für Albanien. 1939 wurde das Land von Italien besetzt, und König Zogu mußte ins Exil gehen. Lazar Bojaxhiu verließ Albanien und ließ sich in Italien nieder, wo er später heiratete und eine Familie gründete. Die Mutter und Aga blieben in Tirana.

Mutter Teresa verbrachte fast zwanzig Jahre im Loreto-Kloster in Entally. Eine Zeit lang war sie auch verantwortlich für die *Töchter der heiligen Anna,* eine diözesane Gemeinschaft indischer Schwestern. Die *Töchter der heiligen Anna* trugen blaue Saris, das einfache Gewand des Volkes, und unterrichteten an bengalischen Volksschulen.

In Entally gab es die *Sodalität Unserer Lieben Frau,* eine Marianische Kongregation, deren geistlicher Direktor Pater Julien Henry war. Sie arbeitete ähnlich wie die Gruppe, der sich Mutter

Teresa in Skopje angeschlossen hatte. Ihre Mitglieder entwickelten ein starkes Engagement für die Mission und den Dienst am Nächsten, besuchten regelmäßig Patienten im örtlichen Krankenhaus und gingen zu den Armen in den Slums von Motijhil. Mutter Teresa unterstützte Pater Julien bei dieser Arbeit. Nach den Besuchen bei den Armen berichteten die Mädchen von dem, was sie dort erlebt hatten. Einige von ihnen, die regelmäßig solche Besuche machten, erzählten Mutter Teresa, daß sie Ordensfrauen werden und den Ausgestoßenen dienen wollten.

All das verstärkte Mutter Teresas Unbehagen über ihre eigene Situation. Sie sah ständig andere Frauen genau die Arbeit tun, die sie selber lieber als alles andere tun wollte. Vom Fenster ihrer Klosterzelle aus konnte sie das Elend in den Slums sehen, die unmittelbar hinter den gepflegten Rasenflächen und schmucken Gebäuden des Loreto-Klosters begannen. Es schien ihr, sie könne die Ärmsten der Armen nur erreichen, wenn sie außerhalb des Klosters arbeitete.

Den umgekehrten Weg hatte Mutter de Cénacle versucht. Sie hatte zwanzig Mädchen aus den Slums in das Kloster gebracht, um sie dort zu erziehen. Aber das Experiment war gescheitert: Die Klosterumgebung war zu verschieden von ihrem Familienleben. Nach einem Jahr waren nur noch zwei Mädchen da.

Die Konsequenz war unausweichlich: Um den

Armen zu helfen, mußte man dorthin gehen, wo die Armen waren. Schritt für Schritt reifte in Mutter Teresa eine Entscheidung heran.

Am 10. September 1946 fuhr Mutter Teresa zur Erholung nach Darjeeling. Es war vielleicht die wichtigste Reise ihres Lebens. Während sie im Zug saß, spürte sie einen zweiten Ruf Gottes, „einen Ruf innerhalb ihrer Berufung“, wie sie sagt. Heute feiern die *Missionarinnen der Nächstenliebe* den 10. September als den „Tag der göttlichen Berufung“, denn es war der Tag, an dem der Same ihres Werkes gesät wurde. Damit begann sozusagen ihre Ordensgründung. Mutter Teresas geistlicher Führer erinnert sich an ihren Bericht von dieser „zweiten Berufung“:

Sie erzählte mir, wie es war: „Ich fuhr im Zug nach Darjeeling, als ich die Stimme Gottes hörte.“ Als ich sie fragte, wie sie seine Stimme bei dem Lärm des ratternden Zuges hätte hören können, entgegnete sie mir mit einem Lächeln: „Ich war sicher, daß es Gottes Stimme war; ich war sicher, daß er mich rief. Der Auftrag war ganz deutlich: Ich sollte das Kloster verlassen, um den Armen zu helfen, um bei ihnen zu leben und zu wohnen. Das war gleichsam ein Befehl, etwas, das man tun mußte, etwas Definitives. Ich wußte nun, wo ich hingehörte. Bloß, wie ich dorthin kommen sollte, das wußte ich nicht.“

Als sie sprach, strahlte ihr Gesicht vor Glück,

Frieden und Sicherheit. Ich fragte mich: War es eine Vision oder eine Inspiration? Hat sie wirklich eine Stimme gehört – oder war es etwas anderes? Wie konnte sie so sicher sein? Sie unterbrach meine Gedanken. „Es war etwas zwischen Gott und mir. Gott ruft jeden von uns anders. Es ist nicht unser Verdienst, daß er es tut. Es kommt aber darauf an, daß wir auf den Ruf antworten! In diesen dramatischen und schwierigen Tagen war ich sicher, daß Gott handelte und nicht ich, und ich bin mir dessen immer noch sicher. Und da es wirklich Gottes Werk war, wußte ich, daß die Welt davon profitieren würde." Und so war es. Ich denke an die Worte, die Elisabeth zu Maria sagte: „Selig ist die, die geglaubt hat, daß sich erfüllt, was der Herr ihr sagen ließ" (Lk 1,45).

Während der Tage in Darjeeling betete und meditierte Mutter Teresa viel. „Allein mit Gott", dachte sie über seinen Ruf nach. Nach ihrer Rückkehr nach Kalkutta vertraute sie sich einigen ihrer Mitschwestern an und erzählte ihnen von ihrer Absicht, das Kloster zu verlassen, um diesem Ruf zu folgen. Die Schwestern waren sehr erstaunt. Dann wandte sie sich an Erzbischof Périer und erzählte ihm, was geschehen war. Sie sagte ihm, daß sie die Absicht habe, eine neue Mission unter den Notleidenden zu beginnen. Die Reaktion des Erzbischofs war zurückhaltend; er gab nicht sofort seine Zustimmung, wies aber die Idee auch nicht ab.

Eines Tages, als ich den Konvent in Entally besuchte, sagte man mir, daß eine junge Schwester in der Gemeinschaft einige ungewöhnliche Ideen hätte. Ich höre immer, wenn so etwas an mich herangetragen wird, sehr aufmerksam zu, denn Gottes Hand könnte sich dahinter verbergen. Wenn die Schwester Demut besitzt, gehorsam und pflichtbewußt ist, könnte die Initiative sehr wohl von Gott kommen. Aus diesem Grund bat ich sie, ihr Anliegen frei und ohne Bedenken vorzutragen.

Der Erzbischof hörte Mutter Teresa an und überdachte sorgfältig, was sie ihm gesagt hatte. Aber er konnte ihr nicht gleich die Erlaubnis geben, ihrer Berufung zu folgen. Mutter Teresa nahm seine Antwort gleichmütig hin: „Ich hatte keine andere Antwort erwartet. Ein Erzbischof kann einer Ordensfrau nicht so ohne weiteres erlauben, einen neuen Orden oder eine neue Kongregation ins Leben zu rufen – als ob sie allein eine einmalige Botschaft von Gott empfangen hätte."

Als der Erzbischof Mutter Teresas Vorhaben nicht gleich zustimmte – was für sie bedeutet hätte, die Loreto-Schwestern zu verlassen und eine neue Kongregation zu gründen – reagierte er ähnlich wie die Mutter, die sich über Agnes' ersten Ruf nicht sofort zustimmend äußerte. Teresa kehrte ins Kloster zurück und informierte die Mutter Oberin über die Antwort des Erzbischofs. Kurz darauf wurde sie aus gesundheitlichen Gründen nach

Asansol versetzt, das in einer Bergwerksregion 180 Kilometer von Kalkutta entfernt lag. Als Erzbischof Périer sich nach ihr erkundigte und erfuhr, daß sie in Asansol sei, bat er darum, man möge sie nach Kalkutta kommen lassen, da die Frage nach ihrer Zukunft noch nicht geklärt sei. Zu dieser Zeit gab es auch eine Krise in der Schule. Zwischen den Lehrern und den Schülern hatten sich – vor allem aus politischen Gründen – Spannungen ergeben. Als Mutter Teresa zurückkam, berief sie gleich eine Versammlung ein und versuchte, die Gemüter zu beruhigen, was ihr auch gelang. Das Engagement und die Führungsqualitäten, die sie dabei bewies, beeindruckten ihre Oberen sehr.

Der Erzbischof dachte weiter darüber nach, ob Teresas Ruf wirklich von Gott komme. Er konsultierte auch Pater Henry in dieser Sache: „Was würden Sie von einer Europäerin denken, die einen Sari trägt und einen Orden gründen möchte, um sich um die Armen und Schwachen zu kümmern? Kann das Aussicht auf Erfolg haben? Werden die Menschen sie akzeptieren?"

Es war eine Frage, die eine ganze Reihe von Problemen einschloß. Durch die Vorbereitung auf die Unabhängigkeit und ihre Folgen war Indien politisch in einer sehr schwierigen Situation. Die bevorstehende Teilung Bengalens hatte einen enormen Zustrom von Flüchtlingen ausgelöst, hauptsächlich Hindus, die vor dem neugeschaffenen muslimischen Staat Ostpakistan flohen. Viele

Gruppierungen versuchten, aus dem daraus entstehenden Elend politischen Gewinn zu ziehen. Alle möglichen sozialen und politischen Vereinigungen, einzelne Politiker und sogar Mitglieder der Regierung (unter dem Einfluß Mahatma Gandhis) besuchten damals die Slums und förderten humanitäre und soziale Initiativen. Die Motive der Helfer wurden dabei von allen Seiten mißtrauisch geprüft. Wie würde in diesem von nationalem Überschwang geprägten Klima wohl die Arbeit einer europäischen Ordensfrau aufgenommen werden? Der Erzbischof war verständlicherweise skeptisch, ob es weise wäre, daß die Kirche in einer so kritischen Zeit eine neue soziale Initiative starte. Pater Henry reagierte mit vorsichtigem Optimismus. Er meinte, das sei zwar sicher ein mutiger Schritt, der möglicherweise auch zu Problemen führen könne, aber er würde es doch wagen, wenn der Bischof die richtige Person hätte, der man eine solche Arbeit anvertrauen könnte. Vielleicht würde die Schwester, die man dafür wählen würde, es schwer haben, das Vertrauen des gesellschaftlichen und politischen Establishments zu gewinnen. Aber mit den Armen selber wäre es bestimmt leichter; liebende Zuwendung und Freundlichkeit würden sie leicht gewinnen.

Der Erzbischof beschloß, der Bitte Mutter Teresas nachzukommen. Aber es gab noch eine Hürde zu überwinden. Rom war im allgemeinen nicht sehr für die Gründung neuer Orden. Man hatte die

Befürchtung, daß unnötige Verdopplung die geistlichen und organisatorischen Ressourcen bestehender Orden schwächen könnte. Um die Erlaubnis des Heiligen Stuhls zur Gründung eines neuen Ordens zu erhalten, mußte der Bischof, der den Antrag unterstützte, diesen überzeugend begründen können. Die erste Bedingung war, daß keine anderen Ordensfrauen eine ähnliche Arbeit am selben Ort taten. Mutter Teresas Antrag würde sicher die Tatsache entgegenstehen, daß in Kalkutta bereits eine ähnliche Gemeinschaft arbeitete: die *Töchter der heiligen Anna*, denen Mutter Teresa selbst eine Zeit lang vorgestanden hatte. Diese bengalischen Frauen wirkten unter den Armen ähnlich, wie es auch Mutter Teresa vorhatte: Sie besuchten die schlimmsten Slums, vor allem die am Rand der Stadt und in den umliegenden Orten; sie trugen Saris und lebten bescheiden wie einfache Leute.

Nachdem der Erzbischof die Angelegenheit sehr sorgfältig überdacht hatte, bat er Mutter Teresa, sich zu überlegen, ob sie nicht mit den *Töchtern der heiligen Anna* zusammenarbeiten könne. Aber sie hielt das für ausgeschlossen. Sie wollte unter den Armen leben, ihr Leben teilen und aus der konkreten Situation heraus neue Methoden und Zugangsweisen entwickeln. Die *Töchter der heiligen Anna*, die im Kloster von Entally lebten und jeden Abend in diese freundliche Umgebung zurückkehrten, waren zwar eine sehr engagierte Gruppe, die sie sehr achtete; aber anschließen konnte sie sich ihnen nicht. Nach einiger Zeit und intensivem Gebet war der Erzbischof dann bereit, den Prozeß einzuleiten, der Mutter Teresas Traum verwirklichen sollte.

Anfang des Jahres 1948 schrieb Mutter Teresa an den Generalsuperior des Loreto-Ordens in Rathfarnham in Irland. Sie erhielt folgende Antwort:

Wenn es Gottes Wille ist, dann gebe ich Ihnen die Erlaubnis von ganzem Herzen. Sie können auf die Freundschaft und Hochachtung von uns allen hier zählen. Und falls Sie aus irgendeinem Grund hierher zurückkehren wollen, werden wir Sie mit Freuden wieder als unsere Schwester aufnehmen.

Eine warmherzige und positive Antwort! Aber der Brief schloß: „Sie werden trotzdem Rom noch um Erlaubnis fragen müssen."

Damit der Antrag in Rom überhaupt in Betracht gezogen werden konnte, mußte Mutter Teresa wenigstens zehn Schwestern haben, die bereits in anderen Orden ihre Gelübde abgelegt hatten und sich ihr anschließen wollten. Und der neue Orden mußte gut fundierte Statuten haben. Der erste Schritt, den man unternehmen mußte, war der Antrag auf Exklaustrierung – die Erlaubnis für Mutter Teresa, ihr Kloster für einige Zeit zu verlassen, auch wenn sie weiterhin an ihre Gelübde gebunden blieb. In ihrem Begleitbrief nannte Mutter Teresa den Hauptgrund für ihren Antrag: „Gott hat mich berufen, alles zu verlassen und mich ihm hinzugeben, um den Ärmsten der Armen in den Slums dieser Stadt zu dienen."

Am 12. April 1948 gab Papst Pius XII. die erforderliche Genehmigung: Mutter Teresa konnte den Loreto-Orden verlassen, blieb aber an ihre Gelübde der Armut, Keuschheit und des Gehorsams gebunden. Gehorsam schuldete sie nun dem Erzbischof von Kalkutta. Der Brief aus Rom brauchte lange, bis er seinen Empfänger in Kalkutta erreichte. Er kam erst am 7. August an, am Ende des Schuljahres.

Am 16. August 1948 verließ Mutter Teresa das Kloster in Entally, in dem sie so viele Jahre gelebt und gearbeitet hatte. Es war ein bewegender Augenblick. Die Kinder führten ein Stück auf, und die Bengalen sangen Abschiedslieder. Sie legte den Habit des Loreto-Ordens ab und zog einen einfachen Sari und flache Sandalen an. Sie verbrachte einige Zeit im Gebet, dann ging sie weg. Sie schloß die Tür des Klosters hinter sich und ging durch die von Menschen wimmelnden Straßen von Motijhil. Jahre später zeigte Pater Julien Henry dem Journalisten Desmond Doig seine handschriftlichen Notizen von diesem Tag:

Am 16. August 1948 verläßt die Ehrwürdige Mutter Teresa St. Mary's, Entally, in Richtung Patna. Sie will sich in Zukunft den armen und verlassenen Menschen widmen, die in den Slums von Kalkutta leben. Für diese schwierige Arbeit setzt sie all ihr Vertrauen auf das Unbefleckte Herz Mariens.

Mutter Teresa hatte eine klare Vorstellung, *was* sie tun wollte, aber sie war noch unsicher, *wie* sie es ins Werk setzen könnte. Eines wußte sie: Sie brauchte einige medizinische Grundkenntnisse. Daher fuhr sie nach Patna, wo die *Medical Mission-Sisters* ein Krankenhaus und eine ambulante Krankenstation unterhielten. Diese Schwestern gaben Kurse in Krankenpflege.

In Patna fand Mutter Teresa eine Freundin in der Oberin, Mutter Dengel. Sie war Ärztin und eine Frau von starkem Charakter. Sie verfügte über eine reiche Erfahrung und eine gute Portion gesunden Menschenverstand. Mutter Dengel war eine innerliche und kämpferische Frau. Sie hatte selber in Rom die Erlaubnis erwirken müssen, daß ihre Schwestern im Krankenhaus arbeiten durften. Sie sorgte dafür, daß Mutter Teresa so viel wie in der kurzen Zeit möglich lernte und gab ihr hilfreiche praktische Ratschläge. Eines Tages, als sie über ihre Zukunftspläne sprachen, sagte Mutter Teresa: „Meine Schwestern und ich werden nur Reis und Salz essen." Dieser Speiseplan war noch schlechter als das durchschnittliche Essen der Inder, die in den Slums lebten. Es sollte ein Zeichen für ihre Entschlossenheit sein, sich mit den „Ärmsten der Armen“ zu identifizieren. Mutter Dengel war nicht damit einverstanden. „Das wäre eine Todsünde“, entgegnete sie entschieden. „Wollen Sie den Armen und Kranken helfen, oder wollen Sie mit ihnen sterben? Wollen Sie, daß Ihre jungen Schwestern ihr Leben verlieren, oder wollen Sie, daß sie gesund und stark sind, damit sie für Christus arbeiten können?“ – Mutter Teresa nahm diesen Rat an, der Mutter Dengels reicher Lebenserfahrung entsprang. Sie lernte eine Menge in Patna. Die Zeit verging schnell, und im Dezember 1948 kehrte sie nach Kalkutta zurück.

Motijhil

Als Mutter Teresa wieder nach Kalkutta kam, fand sie eine Stadt vor, die im Chaos zu versinken drohte. Scharen von Flüchtlingen strömten aus Ostbengalen in die Stadt. Sie brachten nichts mit, und Kalkutta konnte ihnen auch nichts geben. Sie kampierten, wo immer sie Platz finden konnten, auf den breiten Bürgersteigen, in Durchgängen, in alten, halbverfallenen Behausungen und auf den schlammigen Uferflächen des Hooghly, der mitten durch die Stadt fließt. Das ohnehin schon völlig überfüllte Kalkutta konnte mit dem erneuten Zustrom nicht mehr fertig werden. Unrat, Krankheit und Tod gehörten zum gewohnten Bild auf den Straßen. Mutter Teresa hätte sich kaum einen „passenderen" Anfang für ihre Arbeit ausdenken können.

Pater Henry machte gerade Exerzitien, als sie nach Patna fuhr. Kurz nach ihrer Rückkehr suchte sie ihn in seinem Pfarrhaus auf. Aus seiner Beschreibung dieses Treffens wird deutlich, daß Mutter Teresa sich erst an das Leben außerhalb des Klosters gewöhnen mußte. „Wissen Sie, wo Motijhil liegt?" fragte sie Pater Henry. „Sie müßten das eigentlich sehr gut wissen", antwortete er. „Es ist der Slum, der gleich hinter dem Kloster beginnt, in dem Sie unterrichtet haben." In all den Jahren hatte sie aus ihrem Fenster auf den Slum geschaut, aber nach seinem Namen hatte sie nie gefragt.

Zunächst wohnte sie bei den *Kleinen Schwestern der Armen*. Sie hatte das Kloster verlassen mit fünf Rupien in der Tasche, die ihr der Erzbischof gegeben hatte. Um ihre Arbeit beginnen zu können, mußte sie Menschen treffen; sie mußte die Armen in ihren dunklen Verließen und Hütten oder in den Straßen besuchen. In den ersten Tagen wurde sie mißtrauisch beobachtet, wegen ihrer Kleidung und wegen der Art, wie sie sich verhielt. Und ihre Gegenwart beunruhigte sie. Wer ist diese Frau, fragten sie sich, und was will sie von uns? Was sucht sie hier?

Nach und nach gewann sie das Zutrauen der Menschen: Sie war gekommen, weil sie sie liebte. Das wurde aus jeder ihrer Gesten deutlich: wenn sie Kinder in den Arm nahm, wenn sie sich um die Kranken kümmerte, wenn sie ihre Wohnungen putzte, wenn sie ihnen die Wäsche wusch ... Am meisten erstaunte die Leute, daß Mutter Teresa sie voll und ganz akzeptierte und ihnen ohne jedes Eigeninteresse half.

Bald besuchte sie regelmäßig auch die Außenbezirke von Kalkutta, die Tiljala-Slums und Motijhil. Aber um arbeiten zu können, brauchte sie eine Unterkunft. Tag und Nacht suchte sie ein Gebäude, was im Kalkutta des Jahres 1948 völlig unmöglich schien. Jede vernünftige Unterkunft war sehr begehrt, und was es gab, wechselte den Eigentümer zu völlig überhöhten Preisen. Andere Bauten, die sich für ihre Zwecke hätten einrichten lassen, waren schon von den Armen belegt, ganze Familien waren dort zusammengepfercht. Für Mutter Teresa, die nur fünf Rupien besaß, gab es praktisch keine Hoffnung, etwas Brauchbares zu finden. Doch sie hörte nicht auf zu beten und zu suchen, und irgendwann fand sie, was sie wollte. Es war eine kleine Hütte in Motijhil, die genau fünf Rupien kostete.

Am gleichen Tag, als sie die Hütte kaufte, sammelte sie eine Reihe armer Kinder und begann, sie zu unterrichten. Es gab keine Tische, die Tür ließ sich nicht schließen, und die Schüler hatten keine Lesebücher, keine Hefte oder Tafeln. Sie waren fast nackt, barfuß, schmutzig und hungrig. Aber sie waren fasziniert von dieser merkwürdigen Europäerin, die sich so für sie interessierte. Es wurden von Tag zu Tag mehr. Mutter Teresa brachte ihnen das Alphabet und die Grundbegriffe der Hygiene bei. Sie gab ihnen jeden Tag Milch, und besondere Leistungen wurden mit einem Stück Seife belohnt.

Eine Zeitlang lebte sie im St.-Josephs-Heim, einem Haus für ältere Menschen, das die *Kleinen Schwestern der Armen* unterhielten. Aber sie schlief sehr wenig, da sie auch nachts Leute besuchte und sich um sie kümmerte. Eine schmale

Gestalt in einem Sari, ging sie zu den Notleidenden, den Sterbenden, den Leprakranken, fand überall kranke Menschen, in den Häusern und auf den Straßen. Viele waren von den Gesunden aus der Stadt vertrieben worden – aus Angst vor Ansteckung oder Ekel. Neben ihrem Einsatz für die Kinder mußte sie gegen das Problem der Lepra kämpfen, einer Krankheit, die man allgemein für eine Strafe Gottes hielt.

Über diesen Abschnitt ihres Lebens hat Mutter Teresa einmal gesagt, es habe Zeiten der Freude und des Glücks gegeben, aber auch der Müdigkeit, der Prüfungen und Schwierigkeiten verschiedenster Art. Es war eine wichtige Zeit für ihren Glauben und ihre Sendung, eine Zeit, in der sie reif wurde für ein Leben der Entsagung und harter Arbeit, bei dem sie sich ganz auf Gott verlassen mußte. Die Gewißheit, daß Gott ihr tatsächlich half, erwuchs ihr aus der tagtäglichen Erfahrung. Er war ihre einzige Kraftquelle. In dieser Situation entstand das folgende Gebet:

O Gott, du bist alles! Gebrauche mich, wie du willst. Du hast mich veranlaßt, das Kloster zu verlassen, wo ich wenigstens ein bißchen nützlich war. Nun führe mich, wie du es willst.

Angesichts des unbeschreiblichen Elends und der Tatsache, daß sie allein und ohne Mittel war, bat sie Gott:

Wenn ich diesen Menschen in ihrer Armut und ihrem Leid nicht helfen kann, laß mich wenigstens mit ihnen sterben, ihnen nahe sein, damit ich ihnen so deine Liebe zeigen kann.

In keiner Hinsicht hatte Mutter Teresa ihre „erste“ Berufung vernachlässigt. Sie hatte nicht darum gebeten, von ihren Gelübden entbunden zu werden. Sie bedauerte es nicht, daß sie im Kloster von Entally die Kinder der Reichen unterrichtet hatte, war unerschütterlich davon überzeugt, daß Gott ihr Leben angenommen hatte. Sie betrachtete die „neue“ Berufung als eine Intensivierung und Konkretisierung der ersten, als einen Ruf innerhalb ihrer Berufung.

Die neue Sendung gestattete Mutter Teresa kein Ausruhen. Es gab fast keinen Unterschied zwischen Nacht und Tag. Sie war immer im Einsatz, immer in Bewegung. Im Laufe der Zeit schlossen sich ihr einige Mädchen an, die sie in Entally unterrichtet hatte. Die Eltern hatten ihnen erlaubt, ihr bei der Arbeit in den Slums zu helfen. Als die Zahl der Helfer und auch die Zahl derer, denen sie halfen, immer größer wurde, begann Mutter Teresa über eine solidere Unterkunft nachzudenken. Die kleine Hütte wurde zu eng; das Haus der *Kleinen Schwestern der Armen* war fast zwei Kilometer von Motijhil entfernt; sie wollte mitten unter den Menschen leben und nicht von weit her kommen, um ihr Leben zu teilen.

Ich lief und lief, um eine Bleibe zu finden. Völlig übermüdet wollte ich ins Kloster der Loreto-Schwestern zurückkehren, aber dann dachte ich an die Verlassenen auf der Straße, an die Kranken, die Hungernden ..., und ich schämte mich.

Mutter Teresa kannte Pater van Exem, den damaligen Rektor der *Sieben-Schmerzen-Kirche*, der ihrer Arbeit wohlwollend gegenüberstand. Ihm erzählte sie, daß sie eine Unterkunft für ihre Schwestern suche. Pater van Exem vergaß diese Sorge nicht und fragte sich, was er tun könne, um ihr zu helfen. Eines Tages sprach er darüber mit einem Freund, Michael Gomes: „Können Sie sich irgendeine Lösung für Mutter Teresa vorstellen? Vielleicht eine Hütte, einen Schuppen, irgend etwas Einfaches – Hauptsache, es ist in der Nähe." Michael Gomes war katholischer Inder. Er lebte in einem dreistöckigen Kolonialbau in der heruntergekommenen Creek Street. Das Haus gehörte seiner Familie; ursprünglich hatten dort vier Brüder gewohnt, aber bei der Teilung Bengalens waren zwei von ihnen nach Ostpakistan gezogen. Das große Haus stand deshalb halb leer. Seine acht Jahre alte Tochter hörte die Frage und machte einen Vorschlag: „Vater, das ganze Obergeschoß ist leer und wird nicht genutzt; Mutter Teresa könnte doch zu uns kommen." Der Vater stimmte sofort zu. Aber Pater van Exem meinte, die Unterkunft sei zu elegant; er hatte Zweifel, ob Mutter Teresa das annehmen würde. Doch Mutter Teresa nahm das Angebot dankbar an.

„Es war im Februar 1949“, erinnert sich Michael Gomes. „Mutter Teresa kam mit einer Frau, die Hausmeisterin in der ‚St.-Mary's-School‘ war, eine Witwe namens Charur. Aber bald darauf ging sie wieder weg, um am Stadtrand die Armen und Kranken zu besuchen. Sie nahm auch meine Tochter mit.“

Da die Arbeit mit den Kranken und Notleidenden ständig zunahm, benötigten sie immer mehr medizinische Geräte und Medikamente. Arzneimittel waren besonders knapp. Gomes half, sie zu beschaffen. Er hat oft die Geschichte erzählt, wie er mit Mutter Teresa in Kalkutta eine große Apotheke besuchte.

Sie zeigte dem Apotheker, der sehr beschäftigt tat, eine lange Liste mit den benötigten Arzneimitteln und bat ihn, sie ihr kostenlos zu geben. Der Apotheker schaute sich die Liste an und sagte: „Gute Frau, da sind Sie aber bei mir an der falschen Adresse. Lassen Sie mich in Ruhe, ich hab zu tun.“ Gomes und Mutter Teresa setzten sich hin und warteten. Mutter Teresa holte ihren Rosenkranz hervor und fing an zu beten. Als sie fertig war, kam der Apotheker wieder. „Also gut“, sagte er, „hier sind die Medikamente, die Sie brauchen. Betrachten Sie sie als eine Spende unserer Firma.“

Es gab immer Engpässe bei Essen, Kleidung und anderen lebensnotwendigen Dingen. Aber Mutter

Teresa bewahrte ihr Gottvertrauen. Es fand sich immer eine Lösung, und das große Haus füllte sich nach und nach mit Armen. Was früher das Haus einer wohlhabenden Familie gewesen war, wurde nun ein Heim für die Armen. Michael Gomes' Leben änderte sich von Grund auf. Wenn er von der Zeit sprach, die Mutter Teresa in seinem Haus verbracht hatte, bemerkte er immer, nicht er habe ihr einen Gefallen getan, im Gegenteil: Ihre Anwesenheit sei eine Gnade Gottes für ihn und seine Familie gewesen. In ihrer Arbeit sah er Gott am Werk, und seine Führung wurde um so deutlicher, da Mutter Teresa für sich keinerlei Lob oder Dank erwartete. Sie selbst hat ihre Arbeit in dieser Zeit so beschrieben:

Vor dem Unterricht wusch ich die Kinder, die immer dreckig waren. Ich unterrichtete sie in Religion, brachte ihnen Manieren und das Lesen bei. Die nackte Erde war meine Tafel, und die Kinder waren glücklich. Zuerst waren es nur fünf, dann wurden es immer mehr. Wer regelmäßig kam, erhielt ein Stück Seife als Anerkennung für seinen Eifer. Mittags gab ich ihnen Milch. Heute steht an der Stelle eine moderne Schule mit über 5000 Kindern. Das zeigt doch wirklich die Hand Gottes.

Mutter Teresa führte nur selten Tagebuch; deshalb wissen wir heute nur wenig über das alltägliche Leben in der Creek Street. Außerdem stimmen die

Berichte in vielen Details nicht überein. Ihre Tagebücher hätten sicher über viele Taten der Nächstenliebe und persönliche Opfer berichtet, weshalb Mutter Teresa sie wahrscheinlich nicht aufbewahrte. Einige Eintragungen sind trotzdem erhalten. Hier ein Auszug, den Edward Le Joly, ihr geistlicher Führer, aufbewahrt hat:

Traf N., der mir sagte, er habe nichts zu essen zu Hause. Ich gab ihm das Geld, das ich für die Straßenbahn dabei hatte – das war alles, was ich hatte –, und ging zu Fuß nach Hause.

In diesem schlichten Bericht gibt es keinen Hinweis auf Selbstverleugnung. Wie wenn es selbstverständlich wäre, daß eine Ordensfrau, die sowieso schon Armut gelobt hat, das bißchen, das sie hat, auch noch weggibt – und das in einer Stadt voller Bettler, in der man, um ein normales Leben führen zu können, eine Art Immunität gegen Hilfeersuchen und ausgestreckte Hände entwickeln muß.

Das Werk wächst

Von Anfang an hat Mutter Teresa immer Menschen gefunden, die ihr halfen. Manchmal schlossen sich ihr ehemalige Schülerinnen an, manchmal ging die achtjährige Tochter von Michael Gomes mit ihr, manchmal irgendeine Frau aus der Nachbarschaft. Zunächst hatte sie keine ständigen Mitarbeiter, denn die Arbeit war hart und anstrengend. Obwohl es keinerlei Bezahlung oder soziale Sicherheit gab, wurde der Kreis um Mutter Teresa langsam größer.

Eines Tages besuchte sie Subhasini Das, eine ihrer alten Schülerinnen aus der „St.-Mary's-School". Sie war in der Schule Mitglied der Sodalität gewesen. Mutter Teresa war überrascht, sie zu sehen, und noch mehr, von ihr zu hören: „Mutter, ich bin gekommen, mich Ihnen anzuschließen." Wortlos zeigte Mutter Teresa Subhasini ihre rauhen Hände und ihr Gewand. Mit einem freundlichen Lächeln wies sie auf das Haus und die armen Menschen, die es bevölkerten. „Schau Dir meine Hände und Kleider an, und vergleiche sie mit Deinen. Das Leben einer Ordensfrau, besonders bei uns, verlangt große Opferbereitschaft. Du mußt Dich selbst verleugnen, damit Du Dich Gott und Deinem Nächsten weihen kannst." – „Ja", antwortete Subhasini, die aus einem wohlhabenden bengalischen Elternhaus stammte, „ich habe viel über das alles nachgedacht. Ich bin dazu bereit. Ich bitte Sie, nehmen Sie mich an." Um dic Berufung des jungen Mädchens zu prüfen, sagte Mutter Teresa, sie solle alles noch einmal überdenken und später wiederkommen. Sie selbst hatte sechs Jahre um ihre erste Berufung gerungen.

Am Fest des heiligen Josef, am 19. März 1949, als Mutter Teresa in der Kapelle betete, klopfte es an der Tür. Sie öffnete, und da stand Subhasini. Dieses Mal war sie sehr einfach angezogen und trug keinen Schmuck. Ihre schicken Kleider und ihren Schmuck abzulegen war ein Zeichen, daß sie wirklich den Weg der Selbstaufopferung gehen wollte. „Hier bin ich, Mutter Teresa", sagte sie. „Ich bin gekommen, wie Sie mir gesagt haben. Ich bitte Sie, mich diesmal nicht zurückzuweisen. Ich habe im Innersten meines Herzens eine Entscheidung getroffen." Subhasini wurde die erste Schwester der Gemeinschaft, die später die *Kongregation der Missionarinnen der Nächstenliebe* werden sollte. Aus Dankbarkeit und Zuneigung für Mutter Teresa wählte sie deren Taufnamen Agnes als Ordensnamen.

Nach und nach nahm die Zahl der Schwestern zu. Im Mai 1949 schrieb Mutter Teresa an einen Freund in Europa:

Es wird Dich freuen zu hören, daß ich jetzt drei Mitarbeiterinnen habe. Alle drei sind voller Eifer und leisten ein immenses Arbeitspensum. Wir arbeiten in fünf verschiedenen Slumvierteln. Welche Not und welche Sehnsucht nach Gott! Dabei können wir ihnen doch nur den Herrn bringen. Du solltest ihre erwartungsvollen Gesichter sehen, das Leuchten darin, wenn sie die Schwestern kommen sehen. Mögen sie schmutzig sein, arm und nackt, ihre Herzen sind voller Sehnsucht. Ich vertraue auf Dein Gebet. Bitte die Gottesmutter, daß sie uns noch mehr Schwestern schickt. Selbst wenn wir zwanzig wären, hätten wir allein hier in Kalkutta allesamt vollauf zu tun.

Im November 1949 schrieb sie:

Nun sind wir fünf! Höre nicht auf zu beten, daß unsere Gemeinschaft an Heiligkeit und Schwesternzahl zunimmt, wenn es Gottes Wille ist. Es gibt so ungeheuer viel zu tun.

Mutter Teresa arbeitete Tag und Nacht, ohne sich jedoch von den Schwierigkeiten überwältigen zu lassen. Sie kam mit vielen Menschen in Kontakt. Zuerst gab es nur wenige Freiwillige, hauptsächlich ehemalige Schülerinnen, aber auch einige Ärzte, Lehrer und Eltern. Allmählich wuchs ihre Gemeinschaft oder, wie sie es lieber nannte, ihre „Familie" an. Sie hat das später erklärt:

Wir sind eigentlich kein Orden oder eine religiöse Gesellschaft, sondern eine Familie. Wie könnten wir sonst einen so harten Dienst leisten, über alle Welt verstreut sein und ohne Unterlaß arbeiten in den Straßen, Schulen und Krankenhäusern?

1950 waren sie sieben Schwestern, darunter Schwester Agnes und Schwester Margarete Maria, die erste Schwester aus Bangladesh. Mutter Teresa erzog sie in ihrem Geist, durch das gesprochene Wort, aber mehr noch durch ihr Beispiel.

Da sich so viele Helfer ganz dieser Arbeit widmen wollten und dazu eine Berufung verspürten, wurde Mutter Teresa klar, daß sie den nächsten Schritt nicht länger aufschieben konnte – die Gründung einer neuen Kongregation.

Um kirchlich anerkannt zu werden, brauchte die Kongregation eine „Regel“ oder Statuten, die zur Prüfung nach Rom gesandt werden mußten. Keine leichte Arbeit! Es hieß, einer Sendung eine formale Struktur geben, obwohl sich ihre Gemeinschaft gar nicht formal entwickelt hatte und bisher mit wenigen festen Regeln und Prinzipien ausgekommen war. Außerdem mußte das Ganze in der Sprache des Kanonischen Rechts abgefaßt werden.

Mutter Teresa fand Experten, die ihr dabei halfen, u.a. ihre alten Freunde Pater Julien Henry und Pater Céleste van Exem. Sie entwarf zunächst eine erste Fassung, die die Prinzipien ihrer Arbeit und ihre geistlichen Ziele erläuterte. Pater van Exem half ihr bei der kirchenrechtlich korrekten Formulierung und der Abwicklung des Verfahrens. Er wußte, wie man in Rom solche Dokumente vorzulegen hatte.

Einige von Mutter Teresas Grundsätzen mußten aus praktischen Gründen geändert werden. So begann sie zum Beispiel mit dem Wunsch, ihre Schwestern sollten nichts besitzen, vor allem keine Gebäude. Sie wollte, daß alles Eigentum der Kirche ist. Aber in Indien war das nicht möglich, da die katholische Kirche und der Vatikan als ausländische Körperschaften gelten und es rechtliche Probleme gibt, wenn sie Grundbesitz haben. Nachdem die Regel fertig war, wurde sie einem anderen Priester zur Prüfung und Beurteilung vorgelegt. Er schickte sie zurück mit dem Kommentar: „Hier wird die Hand Gottes sichtbar." Bereits aus den ersten Sätzen der Regel, der *Konstitutionen der Gesellschaft der Missionarinnen der Nächstenliebe*, wird klar, daß sie Frucht der Erfahrung eines neuen Lebens und einer radikal anderen Vorgehensweise ist:

Es ist unser Ziel, dem unstillbaren Verlangen unseres Herrn Jesus Christus nach Liebe zu genügen durch getreue Befolgung der evangelischen Räte und durch freien und ungeteilten Dienst an den Ärmsten der Armen gemäß den Worten und dem Leben unseres Herrn, der einzigartigen Offenba-

rung des Reiches Gottes durch das Evangelium. Unsere besondere Mission besteht im Wirken für die Erlösung und Heiligung der Ärmsten der Armen. Wie Jesus von seinem Vater gesandt wurde, so sendet er auch uns und erfüllt uns mit seinem Geist, damit wir seine Gute Botschaft der Liebe und des Mitleidens unter den Allerärmsten auf der ganzen Welt verkünden. Unsere ganze Mühe soll darauf gerichtet sein, Menschen aus allen Völkern Kunde von Jesus Christus zu geben. Ganz besonders aber wollen wir ihn bei denen verkünden, die direkt unserer Sorge anvertraut werden.

Wir heißen Missionarinnen der Nächstenliebe. *„Gott ist die Liebe.“ Also muß eine Missionarin der Nächstenliebe Bote dieser Liebe Gottes sein. Ihr Herz muß erfüllt sein von Nächstenliebe. Mit ihr, durch sie kann sie Seele und Herz der Mitmenschen erreichen, der Christen und der Nichtchristen.*

Der Erzbischof von Kalkutta schickte 1950 die Statuten zur Genehmigung nach Rom. Einige Monate vergingen, bevor im Frühherbst die Antwort kam. Papst Pius XII. genehmigte durch die Kongregation für die Orden die Gründung der *Kongregation der Missionarinnen der Nächstenliebe*, mit Mutterhaus in der Creek Street Nr. 14, Kalkutta.

Am Fest Unserer Lieben Frau vom Rosenkranz feierte der Erzbischof in der Kapelle der Schwestern die Messe. Während des Gottesdienstes verlas Pater van Exem die päpstliche Bulle. Seitdem wird jedes Jahr an diesem Tag die Gründung des neuen Ordens gefeiert.

Damals gab es zwölf Schwestern. Ihr Tagesablauf war streng geregelt. Sie standen um 4.40 Uhr auf, beteten um 5.00 Uhr das Stundengebet und hatten um 5.45 Uhr die heilige Messe mit Predigt, auch an Werktagen. Dann Frühstück und Hausarbeit, von 8.00 – 12.30 Uhr Dienst an den Armen und Notleidenden. Nach dem Mittagessen um 12.30 Uhr folgte eine kurze Ruhepause. Von 14.30 – 15.00 Uhr Lesungen und Meditation, dann Tee und von 15.15 – 16.30 Uhr eucharistische Anbetung. Anschließend Dienst an den Armen bis 19.30 Uhr, dann Abendessen, um 21.00 Uhr die Komplet und ab 21.45 Uhr Nachtruhe.

Die Zahl der Armen und Kranken wuchs ständig weiter an, man brauchte daher ein größeres Haus, wo die jungen Mädchen, die sich diesem Dienst widmen wollten, untergebracht und ausgebildet werden konnten. Aber es war kein Geld da, um ein Haus zu kaufen. Es waren schwere Zeiten, besonders in Indien. Mutter Teresa aber hatte inzwischen sehr oft die Hilfe der göttlichen Vorsehung erfahren, so daß sie sich nicht entmutigen ließ. Sie und ihre Schwestern schlossen einfach diese Not mit in ihre Gebete ein und arbeiteten weiter wie bisher.

Zu dieser Zeit wohnte in ihrer Gegend ein Moslem, der nach Pakistan emigrieren und deshalb sein Haus verkaufen wollte. Pater Henry fragte ihn, wieviel er für seinen Besitz wolle, und der Mann forderte ihn auf, ein Angebot zu machen. Aber er konnte nicht einmal den Wert des Grundstücks bieten, auf dem das Haus stand. Doch wie durch ein Wunder nahm der Mann das Angebot an. Der Erzbischof gab das Geld, und so konnte der Kauf in drei Tagen abgewickelt werden.

Als Pater Henry mit Mutter Teresa das Haus besichtigte, sagte sie: „Pater, es ist zu groß! Was sollen wir damit anfangen?" Er antwortete: „Mutter, Sie werden es ganz brauchen. Es wird der Tag kommen, an dem Sie sich fragen werden, wo Sie all Ihre Leute unterbringen sollen."

Seine Prophezeiung erwies sich als richtig. Schon bald nachdem sie eingezogen waren, füllte sich das Haus, das aus drei zusammenhängenden Gebäuden bestand, mit Postulantinnen.

So wurde das Anwesen in der Lower Circular Road 54a, mitten im Zentrum der Stadt, das Mutterhaus der *Missionarinnen der Nächstenliebe*. Bisher behandelten die Schwestern die Armen und Kranken auf der Straße. Es gab keinen Platz, wo sie hätten unterkommen können; die Krankenhäuser waren hoffnungslos überfüllt. Nachdem es eine Reihe besonders krasser Fälle gegeben hatte, wo die Menschen im Dreck unter freiem Himmel gestorben waren, begann Mutter Teresa 1954 mit der Suche nach einem Haus für die Sterbenden. Es sollte ein Ort sein, wo man die Sterbenden hinbringen konnte, wo sie in Würde sterben konnten, wo man sich um sie kümmern, sie pflegen und ihnen Liebe erweisen konnte.

Einige Vertreter der Behörden sahen ein, daß der Vorschlag unter praktischen wie moralischen Gesichtspunkten auch für die Stadt sinnvoll war, und man bot ihr an, die Gebäude zu nutzen, die hinten an den Kali-Tempel grenzten, ein Heiligtum der Hindus im Bezirk Kalighat. Dort richtete sie ihr Haus für die Sterbenden ein. Man nannte es *Nirmal Hriday* („Ort des reinen Herzens"). Dort wurden die Sterbenden soweit wie möglich medizinisch versorgt, und man sorgte dafür, daß ihnen der letzte Beistand ihrer jeweiligen Religion zuteil wurde. So kümmerten sich Mutter Teresa und ihre Schwestern im Herzen des Hinduismus um die Sterbenden, und viele Beobachter waren sehr beeindruckt von dem, was sie sahen.

Aus diesen Tagen ist uns eine kleine Geschichte überliefert: Es kamen Beschwerden, daß „die fremde Frau" die Armen zum Christentum bekehre (was keinesfalls das Ziel von *Nirmal Hriday* war). Der Polizeichef inspizierte pflichtgemäß das Haus und kam beeindruckt und tief bewegt von dem, was er gesehen hatte, zurück. „Ich habe gesagt, daß ich die fremde Dame loswerden würde", sagte er den Beschwerdeführern, „und ich werde sie loswerden, aber vorher müßt ihr eure Mütter und eure Schwestern dazu bringen, das zu tun, was sie tut." Und er fügte hinzu: „In dem Tempel gibt es ein schwarzes Steinbild von der Göttin Kali; aber hier haben wir eine lebendige Kali!"

Die Lage der Kinder in Kalkutta war ebenso verzweifelt wie die der Sterbenden. Mutter Teresa traf oft auf verlassene Kinder. Manchmal fand sie auf den Abfallhaufen Säuglinge, die man einfach weggeworfen hatte. 1955 eröffneten die Schwestern das erste von vielen Kinderheimen, *Shishu Bhavan*. Nach einiger Zeit schickten sogar die Polizei und die Sozialarbeiter Säuglinge und Kinder dorthin. Alle erhielten Nahrung und Kleidung und vor allem liebevolle Zuwendung.

Die Gemeinschaft der Schwestern wurde langsam bekannt. Ihr bescheidenes Leben und der Geist der Opferbereitschaft, in dem sie ihrer Arbeit nachgingen, fand Bewunderung und Anerkennung. Die Barrieren des Mißtrauens begannen zu fallen, und die ersten Helfer kamen, um ihre Dienste anzubieten – Bischöfe, Priester, Ordensfrauen aus anderen Ordensgemeinschaften und viele Menschen aus allen Religionen, Kasten und sozialen Umfeldern. Sogar Hindus der höchsten Kasten kamen, um den Armen zu dienen. Später kamen auch Menschen aus allen Teilen Indiens. Heute kommen sie aus der ganzen Welt. Die Schwestern reiften in ihrer Mission und in ihrer Spiritualität, in ihrer alltäglichen Arbeit und in ihrem Gemeinschaftsleben. Sie waren immer bereit, neue Helfer willkommen zu heißen. So wuchs das neue Noviziat wie von selbst. Mutter Teresa war der geistliche Führer und der erste Lehrer ihrer Novizinnen. Pater Edward Le Joly, ein belgischer Jesuit, wurde zum Spiritual ernannt. Als er das Amt antrat, gab es 35 Schwestern in der Gemeinschaft, und die Zahl stieg bald auf 60 an.

Von Anfang an war Mutter Teresa Pater Le Joly gegenüber sehr offen und ehrlich: „Bitte mischen Sie sich nicht in die inneren Angelegenheiten des Hauses ein", sagte sie ihm. „Einige Priester hätten gerne, daß ich einiges anders mache. Zum Beispiel haben sie mir gesagt, wir sollten Vorhänge aufhängen in den Gemeinschaftsräumen. Das möchte ich nicht. Die Armen, denen wir dienen, haben keine. Und in den ländlichen Gegenden, wo die meisten der Schwestern herkommen, gibt es auch keine. Sie sollten hier kein bequemeres Leben haben als zu Hause."

Sie nahm immer eine feste und klare Haltung ein im Umgang mit den Priestern. Sie respektierte deren Arbeit und schätzte ihre Hilfe, aber sie duldete keine Einmischung in das Leben des Klosters. Jede Schwierigkeit, jede Spannung oder jedes Problem, das auftrat, sollte innerhalb der Gemeinschaft gelöst werden, mit Hilfe aller Schwestern. Nur wenn sie keine Lösung fanden, suchten sie Hilfe von außen.

Eine Familie Gottes

1960 bestand die Gesellschaft der *Missionarinnen der Nächstenliebe* zehn Jahre und erfüllte so die Vorschrift des Kanonischen Rechts, die bestimmt, daß neue Orden zehn Jahre warten müssen, bevor sie weitere Niederlassungen gründen dürfen. Für den Orden Mutter Teresas begann damit eine Phase der Ausbreitung, zuerst in Indien und später in der ganzen Welt. Gott begleitete die Arbeit der *Missionarinnen der Nächstenliebe* mit seinem Segen, und Mutter Teresa konnte miterleben, daß sich viele ihrer Hoffnungen verwirklichten. Die Nachrichten, die aus Europa kamen, waren dagegen eher eine Quelle der Trauer für sie.

Seit Lazar Albanien verlassen hatte und nach Italien gezogen war, hatte das Land seinen Kurs geändert. 1944 war es von der italienischen Besatzung befreit worden, und die Wahlen im folgenden Jahr hatten eine kommunistische Regierung an die Macht gebracht. Der König wurde in Abwesenheit abgesetzt, und 1946 wurde Albanien zur Republik erklärt. In den folgenden Jahren wurde Albanien bekannt als der radikalste sozialistische Staat in Europa. 1948 brach das Land mit dem benachbarten Jugoslawien und wurde praktisch ein Satellit der UdSSR. Aber es gab mehr und mehr Vorbehalte gegen die sowjetische Entstalinisierung, und die Beziehungen zwischen beiden Ländern wurden immer schlechter. Anfang der sechziger Jahre waren Albaniens Grenzen praktisch zu. Es war ebenso schwer, das Land zu verlassen, wie es zu betreten. Albanien war vom Rest der Welt völlig abgeschnitten. Die Beziehungen zur UdSSR waren so gut wie abgebrochen. Albanien wurde der erste atheistische Staat der Welt, mit massiven Sanktionen gegen jede Art von Religionsausübung und mit völliger Säkularisierung aller kirchlichen Gebäude und Besitztümer.

1960 besuchte Mutter Teresa Lazar in Italien. Sie kam in Rom an, wo es ein bewegendes Wiedersehen mit ihrem Bruder gab, den sie seit 1924 nicht gesehen hatte. Sie traf dort auch seine Frau Maria, ihre Tochter und deren Mann. Lazar und Maria hatten ihre Tochter Aga genannt. Natürlich gab es viel zu erzählen, Neuigkeiten auszutauschen und Erinnerungen aufzufrischen. Ein Thema, das sie ausführlich besprachen, war die Situation ihrer Mutter und ihrer Schwester, die immer noch in Tirana lebten. Es war ihnen klar, daß sie etwas unternehmen mußten, wenn sie ihre Mutter und ihre Schwester jemals wiedersehen wollten. Mutter Teresa war diesbezüglich einigermaßen optimistisch und machte darauf aufmerksam, daß sie Freunde in aller Welt hätte. „Gib die Hoffnung nicht auf", ermunterte sie ihren Bruder. „Ich hoffe, wir können etwas tun."

Lazar zeigte seiner Schwester einen Stoß Briefe von Drana und Aga, Briefe voller wehmütiger Erinnerungen und voll Sehnsucht nach einem Wiedersehen. Ein Brief der Schwester kennzeichnet die Situation:

Wie glücklich mich Dein Brief gemacht hat! Es war, als ob ich Dich wiedersähe. Mein Lieber, ich fühle mich so mit Dir verbunden und habe großes Verlangen, Dich wiederzusehen – und das gleiche gilt auch für Mutter. Sie trägt immer Dein Bild bei sich. Ich habe Sehnsucht, Dich zu umarmen, und wünsche mir, daß wir wieder glücklich vereint sein könnten, aber es geht jetzt noch nicht. Du weißt, wie die Einsamkeit mich bedrückt, aber schon ein Gedanke an Dich macht mich glücklich. Vielleicht werde ich Dich eines Tages wiedersehen ... Bitte, schreib wieder. Ich habe seit einiger Zeit keinen Brief von Agnes mehr bekommen. Sie muß sehr beschäftigt sein ... Ich bin glücklich, daß es ihr gut geht. Ich werde ihr heute schreiben.

Mutter Teresa kehrte nach Kalkutta zurück mit dem festen Entschluß, jede Gelegenheit zu nutzen und den Fall jedem vorzutragen, der irgendeinen Einfluß auf die albanische Regierung haben könnte.

Je mehr sich die *Missionarinnen der Nächsten-*

liebe ausbreiteten, desto mehr war sie unterwegs. Und die Welt begann ihr Werk anzuerkennen; man ließ ihr Ehren zuteil werden und verlieh ihr Preise. Aber obwohl sie sich oft danach sehnte, Jugoslawien wiederzusehen, war das jahrelang nicht möglich.

Auch in Jugoslawien hatte sich inzwischen viel verändert. Während des Zweiten Weltkrieges war Jugoslawien neutral geblieben, bis 1941 die Deutschen einmarschierten. 1944 wurden die deutschen Streitkräfte zurückgeschlagen, nicht zuletzt durch den Einsatz gut organisierter Widerstandskämpfer. 1945 wurde das Land unter Marschall Tito zur Republik erklärt und erhielt eine kommunistische Regierung. Im Laufe der Jahre kühlten die Beziehungen mit der UdSSR – wie in Albanien – stark ab. Jugoslawien duldete jedoch – im Gegensatz zu Albanien – religiöses Leben. (Seit Mitte der siebziger Jahre unterliegen allerdings alle kirchlichen Aktivitäten starken Beschränkungen.) 1962 schrieb ein Priester aus Ohrid im äußersten Süden Jugoslawiens an Mutter Teresa und drei weitere Ordensfrauen, die Landsleute waren und wie sie in der Mission arbeiteten. Eine von ihnen war Betika Kajnč, jetzt Schwester Maria Magdalena, die damals mit ihr nach Indien gereist war. Mutter Teresa antwortete in Serbo-Kroatisch:

Lieber Herr Pfarrer, Ihr Brief hat mir zum ersten Mal seit 33 Jahren Nachrichten aus Skopje gebracht.

Sie können sich vorstellen, daß er eine große Freude für mich war. Herzlichen Dank! Gott hat Skopje gesegnet. Ich denke, unsere armen Leute hier, die sehr viel leiden, sollten für Sie und Skopje beten. Ich bin glücklich, daß Sie dort so viele Berufungen haben ... Unsere Kongregation hier wächst langsam. Ich habe nun 149 Schwestern.

Ich dachte, die Leute von Skopje hätten Agnes völlig vergessen, denn Sie sind der erste, der mir schreibt, nach so langer Zeit. Beten Sie für mich! Ich werde auch für unsere Leute in Skopje beten, und sie mögen für mich beten. Meine Mutter und Schwester sind noch in Tirana. Nur Gott weiß, warum sie soviel leiden müssen. Ich weiß, daß ihre Opfer und Gebete mir bei meiner Arbeit helfen. Es geschieht alles zur größeren Ehre Gottes ...

Skopje lag Mutter Teresa immer sehr am Herzen. 1963 (in einem Jahr großer Trauer für Skopje – es war das Jahr des Erdbebens) schrieb sie an einige Seminaristen aus der Diözese Skopje, die in Zagreb studierten und sich auf den Priesterberuf vorbereiteten. Ihr Brief begann in Englisch und fuhr dann in Albanisch fort.

Liebe Theologen, ich habe Euren Brief bekommen und danke Euch für Eure Gebete, die mir helfen, das Werk Gottes fortzusetzen. Ich bin froh, daß Ihr Euch vorbereitet, um in Skopje zu arbeiten. Vergeßt nicht: Der Herr hat Euch erwählt und berufen, eine große Familie zu werden, und davon muß Euer Herz voll sein. Wir sind 181 Schwestern, und wir haben jetzt begonnen, auch Männer – Brüder – aufzunehmen. Ich habe viel von meinem Albanisch vergessen, und deshalb kann ich Euch keinen langen Brief schreiben. Betet für mich; ich werde auch für Euch beten. Möge die Liebe Gottes mit Euch sein.

Mutter Teresa, MC.

Das Werk Mutter Teresas breitete sich immer weiter aus. 1963 konnte sie ihren Plan in die Tat umsetzen, eine neue Kongregation, die *Missionsbrüder der Nächstenliebe*, zu gründen. Obwohl sie auch Männern die Möglichkeit bieten wollte, die gleiche Berufung zu leben wie die Schwestern, entstand diese Kongregation doch vor allem aus praktischen Gründen. Es gab Arbeiten für die Armen, die Männer besser tun konnten als Frauen.

Die neue Kongregation wurde nach einigen kleineren Verzögerungen von Rom offiziell anerkannt. Heute arbeiten die Brüder ähnlich wie die Schwestern, tragen einfache Kleidung, dienen den Armen und Kranken und haben Häuser in verschiedenen Ländern.

In den sechziger Jahren gründeten die *Missionarinnen der Nächstenliebe* in aller Welt neue Häuser: 1965 in Venezuela, 1967 in Colombo, 1968 in Rom und Tansania, 1969 in Australien. 1987 findet man 2.500 Schwestern und auch die Brüder in 77 Ländern der Welt. Nach ihrer Regel sollen die Brüder keine Häuser an Orten gründen, wo bereits die Schwestern arbeiten. Doch sie arbeiten teilweise auch miteinander, wie zum Beispiel in dem Heim für die Sterbenden in Kalkutta.

Mit der Ausbreitung des Werkes über die ganze Welt nahm auch die Zahl der „Mitarbeiter" zu. 1969 wurde daher die *Internationale Vereinigung der Mitarbeiter Mutter Teresas* gegründet. Der Gedanke an Mitarbeiter war schon viel früher aufgekommen. 1954 erfuhr Ann Blaikie, die jetzige Vorsitzende der *Internationalen Vereinigung der Mitarbeiter Mutter Teresas*, die damals in Kalkutta lebte, aus der Zeitung von Mutter Teresas Einsatz für die Waisenkinder. Sie suchte sie auf und bot sich an, zu Weihnachten für die Kinder Spielzeug zu sammeln. Mutter Teresa nahm das Angebot dankend an und bat sie gleichzeitig auch um Geld für Kleidung u.ä. Nach Weihnachten fragte sie Ann Blaikie, ob sie das gleiche nicht auch für die Moslem- und später auch für die Hindu-Kinder zu ihrem Fest tun könne. So entstand eine Gruppe von Helfern, die sich „Marianische Gemeinschaft" nannte, da sie im Marianischen Jahr 1954 ihre Arbeit aufgenommen hatte. Sie sammelten Kleider, Medikamente und Geld für Mutter Teresas Werk. Später ging Ann Blaikie nach England zurück und sammelte auch dort Menschen um sich, die das Werk der *Missionarinnen der Nächstenliebe* in dieser Weise, aber auch durch ihr Gebet unterstützten.

Heute gibt es Mitarbeiter in aller Welt. Die *In-*

ternationale Vereinigung der Mitarbeiter Mutter Teresas sammelt Geld und Sachspenden für die Armen; die *Kontemplativen*, ein Zusammenschluß kontemplativer Häuser mit dem Werk der *Missionarinnen der Nächstenliebe*, sowie die *Kranken und Leidenden Mitarbeiter* unterstützen die Arbeit der Brüder und Schwestern im Gebet.

Auf diese letzte Initiative muß noch näher eingegangen werden. 1948 hatte Mutter Teresa in Patna eine junge Belgierin, Jacqueline de Decker, kennengelernt. Wie Teresa hatte sie bereits in jungen Jahren den Ruf Gottes verspürt, ihm in den Armen Indiens zu dienen. Beide waren der Ansicht, der wirksamste Weg, den Armen zu helfen, sei, dort zu leben, wo die Armen leben, und sich zu kleiden wie die Armen.

Aber Jacqueline de Decker konnte nicht in Indien bleiben. Nach mehreren Operationen an der Wirbelsäule war sie gezwungen, nach Europa zurückzukehren. Sie kam nie wieder nach Indien, worüber sie sehr enttäuscht war. Aber langsam wurde ihr klar, daß Gott sie keinesfalls abgewiesen, sondern ihr eine ganz besondere Aufgabe gegeben hatte: ihr schmerzerfülltes Leben für das Werk Mutter Teresas in Indien aufzuopfern. – In einem Brief aus dem Jahre 1952 schrieb Mutter Teresa:

Die Arbeit hier ist ungeheuer. Dafür brauche ich Leute, die mitarbeiten. Aber genauso dringend brauche ich gläubige Menschen wie Sie, die ihre Leiden und ihr Gebet für das Gelingen unserer Arbeit aufopfern. Möchten Sie auf diese Weise meine Schwester werden, eine Missionarin der Nächstenliebe, die dem Leibe nach zwar in Belgien, dem Geiste nach aber hier bei uns in Indien ist und überall in der Welt, wo Herzen dürsten nach unserem Herrn? (...)

Beten Sie um Erleuchtung, und lassen Sie mich wissen, wie Sie sich entschieden haben. Ich brauche viele Menschen wie Sie, die sich solcherart unserem Orden anschließen könnten. Denn ich will ein Dreifaches:
1. eine Gemeinschaft der Seligen im Himmel;
2. eine Gemeinschaft der Leidenden, der geistlichen Kinder auf Erden;
3. eine kämpfende Gemeinschaft, die Schwestern an der Front. (...)

Sie selbst und all die anderen Kranken und Leidenden haben Anteil an unseren Gebeten, an unserer Arbeit und an allem, was wir zum Heil der Menschen tun; durch Ihre Gebete und durch Ihr Leiden wirken Sie dabei mit uns zusammen. Wie Sie wissen, ist es das Ziel unseres Ordens, dem unstillbaren Verlangen des gekreuzigten Jesus nach Liebe zu genügen. Wir tun das dadurch, daß wir für das Heil und die Erlösung der Armen in den Slums arbeiten. Wer könnte dazu besser beitragen als Sie und all die anderen, die wie Sie leiden müssen. Ihre Leiden und Gebete werden der Kelch sein, in den wir, die Arbei-

tenden, die Liebe der Herzen gießen, die wir einzusammeln vermögen. Daher sind Sie für die Verwirklichung unseres Zieles genauso wichtig und notwendig wie wir selbst.

1953, als die ersten zehn Novizinnen ihre Gelübde ablegten, beharrte Mutter Teresa darauf, daß jede von ihnen eine geistliche Verbindung habe mit jemandem, der krank oder leidend sei. Jacqueline de Decker fand in Europa Menschen, die bereit waren, sich dazu zu verpflichten. Jetzt gibt es 2.000 Kranke und Leidende, die das Angebot angenommen haben, „Jesus zu dienen, ihn zu lieben und ihm zu danken, nicht nur für das, was er uns gibt, sondern auch für das, was er uns nimmt".

Im März 1955 schrieb Mutter Teresa in einem Brief an ihre *Kranken und Leidenden Mitarbeiter:*

Laßt Euer Gesicht nicht düster werden. Lächelt ihm zu, trotz Eurer Leiden. Denn als echte Missionare der Nächstenliebe müßt ihr ein fröhliches Opfer sein. Ich bin froh und glücklich darüber, daß ich Euch habe. Ihr gehört genauso zu mir wie jede meiner Schwestern hier. Oft, gerade wenn die Arbeit besonders hart ist, denke ich an jeden von Euch und bitte Gott: „Sieh hin auf meine leidenden Kinder, und aufgrund ihrer Liebe segne du unsere Arbeit."

Und in einem anderen Brief erläutert sie, wie sie den „Weg der Liebe" versteht:

Ihr seid Missionare der Nächstenliebe, Gefäße der Liebe Gottes. An unserem Leib und in unserem Herzen tragen wir die Liebe des unendlichen, nach Liebe dürstenden Gottes. Wir alle, Ihr und ich und all unsere Schwestern und Kranken und Leidenden werden diesen brennenden Durst stillen dürfen. Ihr durch Euer Leiden, wir durch unsere schwere Arbeit. Sind wir denn nicht alle eins, wie – nach Jesu Wort – „du, Vater, in mir und ich in dir"?

Am 4. Januar 1970 erhielt Mutter Teresa einen besorgten Brief von ihrer Schwester Aga: „Mutter geht es immer schlechter, manchmal erkennt sie mich nicht mehr. Sie ist sehr dünn geworden und wiegt nur noch 39 Kilo. Mir geht es gut, aber alles ist sehr schwierig."

1970 wurde für Mutter Teresa ein Jahr der Erinnerungen an ihre Kindheit. Das Rote Kreuz hatte sie nach Jugoslawien eingeladen. Am Mittwoch, den 8. Juni, kam sie auf dem Belgrader Flughafen an. Am nächsten Tag reiste sie weiter nach Prizren, wo die Familien ihres Vaters und ihrer Mutter herstammten.

Dann fuhr sie nach Skopje. Zum ersten Mal seit 42 Jahren sah sie die Stadt wieder. Sie traf sich mit dem Bischof, besuchte das Zentrum des Roten Kreuzes für Makedonien und fuhr dann weiter nach Letnice. Dort kniete sie lange vor der Statue der Madonna, die ihr so viel bedeutet hatte. Das Beispiel Mariens hatte einen wichtigen Einfluß bei ihrer Berufung zur Arbeit in Gottes Weinberg gehabt. Die Demut und der Gehorsam der Mutter Jesu waren eine Art Leitstern auf ihrem Weg, aus dem sich das große Werk entwickelt hat. „Sie hat ein anderes Gewand", bemerkte sie, „aber ihr Gesicht ist immer noch dasselbe."

Mutter Teresa war nur für wenige Tage nach Jugoslawien gekommen und hatte ein dichtgedrängtes Programm. Überall, wo sie hinkam, sammelten sich Scharen von Menschen. Viele wollten die Frau sehen, die wegen ihres humanitären Engagements inzwischen eine der bekanntesten Persönlichkeiten Jugoslawiens war. Sie ging mit dieser Publizität geschickt um, mied sie nicht, aber suchte sie auch nicht. Sie nutzte jede Gelegenheit, die Menschen um ihr Gebet für ihr Werk zu bitten und sie zum Einsatz für die Armen und Notleidenden in der ganzen Welt aufzufordern. Sie gab auch zu erkennen, daß es einer ihrer größten Wünsche sei, in Skopje ein Haus der *Missionarinnen der Nächstenliebe* eröffnen zu können.

Von Jugoslawien aus reiste sie weiter nach Jordanien, wo sie in Amman ein Haus für palästinensische Flüchtlinge eröffnete, die bis dahin in Zelten leben mußten.

Im Frühjahr 1972 schrieb Aga an ihren Bruder und seine Familie:

Meine Lieben, uns geht es wie immer. Mutter ist sehr

geschwächt durch ihre Krankheit ... Ich wünschte, ich könnte bei Euch sein, Euch helfen und wir könnten miteinander glücklich sein. Am Neujahrsabend werde ich mit meinen Gedanken und meinem Herzen bei Euch sein, so wie Ihr an Mutter und mich denken sollt ...

In einem Brief an ihren Sohn schrieb Drana: „Ich habe nur einen einzigen Wunsch, bevor ich sterbe, Deine Familie und meine liebe Agnes zu sehen."

Mutter Teresa tat alles, was sie konnte, um die Familie wieder zusammenzuführen, aber bisher leider ohne Erfolg. In Rom ging sie einmal in Begleitung einer alten Freundin, Eileen Egan, zur albanischen Botschaft. Frau Egan berichtete hinterher: „Sie wollten nicht einmal mit ihr sprechen. Als Mutter Teresa die Botschaft verließ, sah ich zum ersten Mal Tränen in ihren Augen. Sie blickte zum Himmel auf und sagte: ‚O Gott, ich verstehe und akzeptiere meine Leiden. Aber es ist schwer, die Leiden meiner Mutter zu verstehen und anzunehmen, wenn alles, was sie in ihrem Alter wünscht, ist, uns wiederzusehen.'"

Am Tag nach Mutter Teresas Besuch in der albanischen Botschaft in Rom schrieb die Mutter durch Aga zum letzten Mal an ihre jüngere Tochter. „Wenn wir uns in dieser Welt nicht mehr sehen", prophezeite sie traurig, „werden wir uns sicher im Himmel wiedersehen."

Trotz aller Rückschläge gab Mutter Teresa ihre

Bemühungen nicht auf. Eine Reihe einflußreicher Persönlichkeiten – darunter U Thant und Indira Gandhi – versuchten zu helfen, aber ohne Erfolg. Einmal sagte sie entmutigt zu Lazar: „Bis jetzt habe ich durch Liebe und Gebet fast alles erreichen können..., aber es gibt immer noch Mauern und Hindernisse, die nicht einmal die Liebe überwinden kann."

Am 12. Juli 1972 erhielt Lazar ein Telegramm: „Heute, 12. Juli, ist Mutter um 5 Uhr gestorben. Aga." Die ganze Familie trauerte. Lazar sandte sofort ein kurzes Telegramm an Mutter Teresa in Kalkutta: „Bete für Mutter, die am 12. Juli gestorben ist." Nachdem sie das Telegramm gelesen hatte, ging Mutter Teresa in die Kapelle und verbrachte dort lange Zeit im Gebet.

Besonders für Aga war es ein schwerer Schlag. Sie blieb nun alleine in Albanien zurück, nachdem sie seit ihrer Jugend immer mit ihrer Mutter zusammengelebt hatte. „Meine Lieben", schrieb sie 1973, „ich bin sehr bedrückt, seit ich ohne unsere arme Mutter hier zurückgeblieben bin. Wie sehr ich sie vermisse! Aber sie hat uns verlassen und wird nicht zurückkehren ... Ich hoffe, daß ich die Genehmigung erhalte, zu Euch zu kommen. Dann wird alles einfacher sein." Aber Aga starb in Albanien, ohne daß sich ihr Wunsch erfüllt hätte. Sie sah ihre Schwester und ihren Bruder nie wieder.[1] Die Geschichte dieser getrennten Familie ist geprägt von Trauer und enttäuschter Hoffnung, doch es ist auch die Geschichte eines großen Triumphes. Der Glaube, der das Elternhaus in der Vlaska-Straße zu einem Synonym für Anteilnahme, Barmherzigkeit und Liebe gemacht hatte, war nicht zunichte gemacht worden durch politische Katastrophen, Krieg oder persönliches Leid. Der tiefe Glaube, der die Bojaxhius in Skopje verband, blieb ebenso klar erhalten, als sie getrennt waren. Und Drana hörte nicht auf, ihre Kinder zu unterweisen, auch wenn sie es brieflich tun mußte und nicht von Angesicht zu Angesicht mit ihnen sprechen konnte.

Das Werk in Kalkutta verdankt sehr viel dieser Glaubensunterweisung, die Drana ihrer Tochter durch Wort und Beispiel zuteil werden ließ, und auch der sehr tiefen Verbindung, die die Familie in gegenseitiger Anteilnahme und im Gebet vereinte.

Mutter Teresa und Drana waren in vieler Hinsicht einander sehr ähnlich. Einige Jahre nach Dranas Tod bemerkte Lazar: „Wenn ich heute auf Teresa schaue, habe ich das Gefühl, unsere liebe Mutter zu sehen. Sie ist ihr sehr ähnlich …“

---

[1] Laut Auskunft des jugoslawischen Diplomaten Arso Milatović waren sowohl die Mutter als auch die Schwester von Mutter Teresa zeitweise in albanischen Straflagern interniert, wo zumindest Aga auch gestorben sein soll (vgl. KNA/19.2.85).

Nachwort

Mutter Teresa und ihr Werk sind heute in der ganzen Welt bekannt. Aber nur wenige Menschen haben sich vom Ruhm und von der öffentlichen Anerkennung so wenig beeinflussen lassen wie sie. Die Liste der Preise und Ehren, die sie erhalten hat, ist lang. Sie umfaßt u.a. den Friedenspreis Papst Johannes XXIII. (1971), den Internationalen John F. Kennedy-Preis (1971), den „Templeton-Preis für den Fortschritt der Religionen" (1973), den Internationalen Albert-Schweitzer-Preis (1975) und den Friedensnobelpreis (1979). Doch Mutter Teresa weist jeden Versuch zurück, ihre Person zu idealisieren, und lenkt allen Ruhm und alle Ehren auf Gott. Dadurch verhindert sie jede passive Bewunderung. Eine Missionarin, die in den Slums eines fernen Landes arbeitet, kann man bewundern, ehren und unterstützen – aus der Distanz. Man kann auch freiwillig ein gewisses Maß an Opfern bringen, Geld spenden oder sogar einen Teil seiner Zeit einsetzen. Aber für die meisten von uns, die wir durch Fernsehnachrichten und Pressefotos immun geworden sind gegenüber Bildern von Leichen in den Straßen von Städten, die wir selber nie besuchen werden, ist das ein relativ leichtes Opfer.

Mutter Teresa will das nicht zulassen. Wo immer sie hinkommt, vor welchem Auditorium sie auch immer spricht, sie richtet die Aufmerksamkeit nicht nur auf Kalkutta und die anderen Länder, in denen ihre Missionare arbeiten, sondern auf ihre Zuhörer und deren eigenes Land.

Ein gutes Beispiel dafür ist das Haus in Rom. Es wurde auf Bitten Papst Pauls VI. eingerichtet. 1968 schrieb er Mutter Teresa und legte ein Flugticket Kalkutta-Rom sowie einen Scheck über 10.000 Dollar bei. Sie war sehr erfreut über diese Einladung, reiste nach Rom und erklärte dem Heiligen Vater nach einem längeren Gespräch: „Ich bin bereit, ein Haus zu eröffnen, wenn es hier wirklich Arme gibt." Dann ging sie in die Randgebiete der Stadt und sah die Bedingungen, unter denen die Armen dort lebten. Als sie zu Paul VI. zurückkehrte, sagte sie ihm: „Gott hat uns genug zu tun gegeben." Sie eröffnete ein Noviziat und ein Haus, das Alkoholabhängigen, alten, bedürftigen Menschen und Obdachlosen eine Unterkunft bietet. Es liegt in den engen Gassen eines der römischen Armenviertel, ist überwiegend aus Brettern gebaut, wie die Gebäude ringsum. Eine Studentengruppe, die sich dort mit Mutter Teresa treffen wollte, fragte jemanden aus der Gegend nach ihr. Der entgegnete ihnen: „Wenn Ihr diese indischen Schwestern meint, die herumlaufen und Zigeuner auflesen und mit ihnen zusammen leben, ja, ich kann

Euch sagen, wo sie sind. Sie sind eine Schande für die ganze Kirche."

Eine Arbeit wie die Mutter Teresas ist nicht bequem: weder für die, die sie tun, noch für die, die ihnen dabei helfen sollten. Die Studenten sagten später, bevor sie die Arbeit der Schwestern kennenlernten, wären sie nie auf die Idee gekommen, daß das Problem auch sie selbst anging.

In den verschiedenen Teilen der Welt haben die *Missionarinnen der Nächstenliebe* ganz unterschiedliche Nöte vorgefunden. In Australien beispielsweise sind Drogensucht, Alkoholismus und die Not älterer Menschen das größte Problem. 1973 eröffneten sie daher in Melbourne ein Heim zur Rehabilitation Drogenabhängiger.

Mutter Teresa hat von Anfang an erkannt, daß der Westen seine eigene Art von Armut hat: Einsamkeit und geistige Heimatlosigkeit. In London wurde ein Heim für kranke und alte Menschen, Drogenabhängige und Alkoholiker eröffnet. Als sie 1973 den Templeton-Preis entgegennahm, sprach Mutter Teresa auch über die dortige Not:

Hier in dieser großartigen Stadt London gibt es viel, unendlich viel, was Sie und ich tun können. Das erste Mal, als ich hier in London war, gingen wir nachts auf die Straßen. Es war furchtbar kalt, und ich fand Menschen, die auf der Straße schliefen. Da war ein alter Mann, der vor Kälte zitterte. Und dieser Mann sagte: „Nehmen Sie mich mit, irgendwo-

hin, ich sehne mich danach, wieder in einem gemachten Bett zu schlafen." Er war ein gebildeter Mensch und muß bessere Tage gesehen haben. Wir fanden ihn dort auf der Straße.

Wenn wir uns umsehen, werden wir viele solche Menschen sehen, sicher nicht so viele wie in Kalkutta oder andernorts, aber es gibt genug hier. Und selbst wenn es nur einer wäre, es ist Jesus, der hungert und dürstet nach Liebe und Zuwendung …

In diesem Geist arbeiten die Schwestern auch in Nordamerika unter der benachteiligten schwarzen Bevölkerung, in New York etwa, wo sie nicht nur der Armut begegnen, sondern auch gegen Vorurteile und Rassismus ankämpfen.

Im Juni 1974 wurde in Zagreb das erste Haus der *Missionarinnen der Nächstenliebe* in Jugoslawien eröffnet. Während eines feierlichen Hochamtes, bei dem der dreizehn Jahrhunderte Christentum in Kroatien gedacht wurde, wurden die vier Schwestern, die ihre Arbeit dort beginnen sollten, der Gemeinde vorgestellt. Am Nachmittag wurde das Haus gesegnet und offiziell eingeweiht. Der sozialistische Staat nahm die christlichen Schwestern freundlich auf. Eine der Ordensfrauen sagte später, sie sei überrascht gewesen, wie viele Christen es in der Stadt gab.

Damals besuchte Mutter Teresa Skopje noch einmal. Der Bürgermeister begrüßte sie offiziell und gratulierte ihr zum Friedensnobelpreis. Sie besuchte die Gräber der Menschen, die 1963 bei dem Erdbeben ums Leben gekommen waren, und schaute sich die wiederaufgebaute Stadt an. „Auch wenn es jetzt ganz anders aussieht, es ist immer noch mein Skopje", sagte sie. „Wenn da nicht so viel Beton wäre, könnten wir über dasselbe Straßenpflaster gehen, auf dem ich als Kind gespielt habe." Man zeigte ihr auch die Geschäfte, die auf den Ruinen des Viertels erbaut worden waren, wo sie ihre Kindheit verbracht hatte. Sie kamen auch an Kolë's Apotheke, an den Häusern der alten Freunde und an der katholischen Kirche vorbei, an der die Spuren der Erdbebenschäden noch zu sehen waren. Sie bat, das Grab ihres Vaters besuchen zu dürfen. Der Friedhof war ein Stückchen außerhalb der Stadt verlegt worden. Dabei waren die Gebeine aus den Gräbern, um die sich niemand mehr kümmerte, exhumiert und in einem gemeinsamen Grab beigesetzt worden. Auch die sterblichen Überreste ihres Vaters lagen nun in einem solchen Gemeinschaftsgrab.

Auch während dieser Reise forderte Mutter Teresa ihre Landsleute dazu auf, sich vor allem um die „eigenen" Armen zu kümmern.

Kennt Ihr Eure eigenen Armen? Meine Lieben, wißt Ihr, daß es auch hier bei Euch arme Menschen gibt? Es gibt Menschen, die alleine in Kellern leben. Wußtet Ihr das? Als ich in Zagreb war, erzählte man mir, daß es dort viele Arme gäbe. Aber wo waren sie? Wer wußte, wo sie waren? Ich wollte sie sehen, sie umarmen, ihnen sagen, daß ich sie liebe. Also ging ich mit einem Priester eine Frau besuchen, die in einem Keller wohnte. Was sah ich? Die gleiche Armut, die ich in London gesehen hatte. Es gibt auch hier so viel Armut. Wußtet Ihr das? Kennt und liebt Ihr die Armen? Wenn Ihr sie nicht kennt, wie könnt Ihr sie dann lieben? – Fangt bei Euch zu Hause an! In Euren eigenen Familien, in Eurem Heim; fangt da an, und Gott wird Euch helfen.

Es war ja in einem Haus in Skopje, wo sie selbst angefangen hatte, Gott zu dienen ...

Ihr Elternhaus, ihre Familie und ihre Stadt hat sie nie vergessen. Und auch an die Muttergottes von Letnice erinnert sie sich noch. Obwohl sie nicht mehr sehr gut Albanisch spricht, kann sie immer noch die alte Hymne ihrer Landsleute: „Wir haben unsere Mutter in den Schwarzen Bergen."

Die Kraft, die Mutter Teresas Werk und Dienst trägt, ist die Kraft des Gebetes. Das Gebet nimmt einen herausragenden Platz in ihrem Tagesablauf ein und prägt ihren ganzen Alltag. Sie ist oft gefragt worden, ob so viel Gebet nicht langweilig werde. Meist antwortet sie spontan, die Stunden mit Gott seien so wertvoll für sie, daß es ihr schwerfiele, sie zu beenden. Das Gebet – auch das Rosenkranzgebet – ist für sie ebenso wie für ihre Schwestern niemals eine trockene Routine, sondern lebendiger Dialog mit ihrem Herrn. „Dies ist der größte Reichtum der Gemeinschaft, und daraus beziehen wir unsere Kraft."

In Zagreb 1970 sprach sie auch über ihre Kindheit:

Ich erinnere mich, daß meine Mutter, mein Vater und wir Kinder jeden Abend zusammen beteten ... Ich hoffe, unsere albanischen Familien haben an dieser Gewohnheit festgehalten. Das Gebet ist Gottes größtes Geschenk für eine Familie. Es hält die Einheit der Familie aufrecht. Eine Familie, die nicht miteinander betet, hält auch nicht zusammen. Also: Kehrt zum gemeinsamen Gebet in der Familie zurück, und bleibt dabei! Durch das Gebet werdet Ihr erkennen, was Gott von Euch will.

Mutter Teresa beschreibt die Mitglieder ihres Ordens als „Kontemplative, die in der Welt leben". „Wenn es keine Armen mehr gibt, keine Hungrigen, keine Leprakranken – dann werden wir uns in unsere Klöster zurückziehen und uns ganz dem Gebet widmen", hat sie einmal gesagt. „Aber ich glaube kaum, daß diese Zeit je kommen wird ..."

Wegen der großen Bedeutung, die sie dem Gebet für ihr Werk zumißt, hat Mutter Teresa über ihre „Geographie des Mitleids" (M. Muggeridge) auch ein „kontemplatives Netz" gebreitet, das die ganze Welt umspannt. Es umfaßt jene kontemplativen Gemeinschaften, die sich im Gebet mit dem Werk der *Missionarinnen der Nächstenliebe* verbunden haben. Auch die bereits angesprochenen *Kranken und Leidenden Mitarbeiter* reihen sich in dieses ständige Opfer des Gebets ein, das den Orden unterstützt und trägt.

Kolë und Drana Bojaxhiu haben ihrer Tochter einen starken Familiensinn vererbt. Sie liebt ihr Zuhause, ihre besonders glückliche Kindheit und blieb immer auch über große räumliche Distanz hinweg sehr mit ihrer Familie verbunden. Da sie das Familienleben so hoch achtet, sagt sie deutlich ihre Meinung zu Fragen wie Abtreibung und der Sexualethik. Und sie hat immer wieder darauf bestanden, daß die *Missionarinnen der Nächstenliebe* eine Familie seien – eine große Familie, zu der die Schwestern, die Brüder, die Kontemplativen, die kranken und leidenden Mitarbeiter und die aktiven Mitarbeiter in der ganzen Welt gehören.

Die Eltern haben Agnes vor allem das Lieben gelehrt. Sie brachten ihr bei, welche Verantwortung es bedeutete, Mitglied einer reichen Familie zu sein in einer Stadt, in der viele Not litten. Aber sie zeigten ihr auch, welche Freude man erlebt, wenn man die Armen liebt. Wer einmal eines der Häuser von Mutter Teresa besucht hat, weiß von dem Glück und der Freude zu berichten, die dort zu finden sind.

Vielleicht ist diese Verbindung von treuer Hingabe, Liebe und Freude das Auffallendste von allem, was Gott durch Mutter Teresa gewirkt hat. Mit ihrer Auffassung, daß einer die Leiden des anderen tragen kann, steht sie nicht allein. Das ist ein Gedanke, den man im Evangelium und bei vielen christlichen Schriftstellern findet.

Das Beziehungsgeflecht der Liebe, das ihre Schwestern in der ganzen Welt aufbauen, ist die Ausfaltung ihres innersten Anliegens, das sie in der Regel von 1950 zum Ausdruck bringt: den Durst Christi am Kreuz zu stillen. Wie Christus sich für die Menschheit hingegeben hat, so ruft er die Menschen auf, sich zu verschenken und ihre Leiden aufzuopfern für die Armen und Notleidenden. Die *Missionarinnen der Nächstenliebe* suchen sich die niedrigsten Arbeiten aus, verbinden die dreckigsten Wunden, waschen die Menschen mit den ekelerregendsten Geschwüren, umarmen die Ungeliebten. Man kann sich kaum eine nüchternere und prosaischere Berufung vorstellen. Und sie tun es, als hätten sie Christus selbst vor sich. Ihr ganzes Tagewerk ist wie von einem überirdischen Licht durchflutet, das den Schmutz und das Gewöhnliche neu erstrahlen läßt.

Mutter Teresa zeigt uns, daß Frieden und Sinn nicht in selbstgemachten Utopien liegen, nicht in einer abstrakten, entpersonalisierten Erfahrung, sondern vor unserer Haustür, auf unseren Straßen, in den Slums unserer Städte, in Häßlichkeit und Armut, dort, wo saubere Bettwäsche und warme Mahlzeiten utopische Träume scheinen, wo Christus leidet in den Leiden der Menschheit.

Inhalt

Für weitere Informationen über das Werk und die Mitarbeiter Mutter Teresas wenden Sie sich bitte an folgende Kontaktadressen:

Deutschland: Missionarinnen
der Nächstenliebe
Elisenstr. 15
4300 Essen

Luxemburg: Hilfswerk für Mutter Teresa
c/o Herrn Joseph Probst
Rue de la Montagne 1
6136 Junglinster

Österreich: Mitarbeiter Mutter Teresas
c/o Frau Michaela Scheichl
Eschenbachgasse 20
5020 Salzburg

Schweiz: Hilfswerk für Mutter Teresa
Habsburgerstr. 44
6004 Luzern

Weitere Titel aus unserem Verlagsprogramm:

Christine de Boismarmin

MADELEINE DELBREL

Ein Leben unter Menschen,
die Christus nicht kennen

176 Seiten; kart.
ISBN 3-87996-189-1

„Anhand von Auszügen aus ihren Schriften, Briefen und Zeugnissen und Erinnerungen von Freunden wird der Lebensweg einer außergewöhnlichen Frau unseres Jahrhunderts beschrieben. Madeleine Dellbrêl gehört zu den herausragenden christlichen Frauengestalten unserer Zeit, die durch ihre Bücher auch im deutschsprachigen Raum bekannt wurde. Sie ist eine Pionierin auf dem Gebiet der Begegnung und des Dialogs zwischen Christen und Nichtglaubenden. Die Autorin hat für dieses Buch die wichtigsten, großteils unveröffentlichten Dokumente ihres Lebens zuammengetragen."

Evang./Kath. Digest

Olivier Clément

PATRIARCH ATHENAGORAS

Porträt eines Propheten

112 Seiten; kart.
ISBN 3-87996-108-5

„Patriarch Athenagoras I. von Konstantinopel (1886–1972) war eine der großen Gestalten des Dialogs in der Weltkirche. Der französische Publizist Olivier Clément hat ein Lebensbild des Patriarchen gezeichnet, das sich aus zahlreichen Selbstzeugnissen und Dokumenten zu einem leuchtenden Mosaik echter christlicher Liebe zusammensetzt."

Anzeiger für die Seelsorge

VERLAG NEUE STADT MÜNCHEN ZÜRICH WIEN

Kleine Schwester Magdeleine von Jesus

VON DER SAHARA IN DIE GANZE WELT

Die Kleinen Schwestern Jesu
auf den Spuren des Bruder Karl

176 Seiten; kart.
ISBN 3-87996-151-4

„Charles de Foucaulds Idee des Apostolats der völligen Armut bei den Menschen, die im Schatten von Reichtum und Wohlergehen stehen, hat viele zur Nachahmung herausgefordert. Am bekanntesten sind die Kleinen Brüder und die Kleinen Schwestern Jesu. Schwester Magdeleine von Jesus, die Gründerin der Kleinen Schwestern Jesu, erzählt in dem vorliegenden Band anhand von Tagebuchaufzeichnungen und Briefen, wie es zur Gründung ihrer Gemeinschaft kam."

Ordenskorrespondenz

Igino Giordani

GEISTLICHES TAGEBUCH 1941–1968

152 Seiten; kart.
ISBN 3-87996-120-4

„Nur zu häufig beziehen Politiker die Erkenntnis, daß sich die Forderungen des Evangeliums nicht ohne weiteres auf das Zusammenleben der Völker übertragen lassen, der Einfachheit halber gleich auf ihre Person. Den umgekehrten Weg ging der DC-Polikter G., der über seine persönliche Spiritualität möglichst viel Evangelium in die Politik einbringen wollte und auch einbrachte. Eine wertvolle Lektüre."

LR-Literaturreport

VERLAG NEUE STADT MÜNCHEN ZÜRICH WIEN